OEUVRES

DE

GEORGE SAND.

X

E. DUVERGER,
IMPRIMEUR, RUE DE VERNEUIL,
N° 4.

LA MARQUISE,

LAVINIA,

METELLA, MATTEA,

PAR

GEORGE SAND.

PARIS

FÉLIX BONNAIRE, ÉDITEUR,

RUE DES BEAUX-ARTS, 10.

M DCCC XXXVII.

Z +2285.
C.10.

30344

LA MARQUISE.

LA MARQUISE.

I.

La marquise de R... n'était pas fort spirituelle, quoiqu'il soit reçu en littérature que toutes les vieilles femmes doivent pétiller d'esprit. Son ignorance était extrême sur toutes les choses que le frottement du monde ne lui avait point apprises. Elle n'avait pas non plus cette excessive délicatesse d'expression, cette pénétration exquise, ce tact merveilleux qui distinguent, à ce qu'on dit, les femmes qui ont beaucoup vécu. Elle était, au contraire, étourdie, brusque, franche, quelquefois même cynique. Elle détruisait absolument toutes les idées que je m'étais faites d'une marquise du bon temps. Et pourtant elle était bien marquise, et elle avait vu la cour de Louis XV; mais, comme ç'avait été dès lors un caractère d'exception, je vous prie de ne pas chercher dans son histoire l'étude sérieuse des mœurs d'une époque. La société me semble si difficile à connaître bien et à bien peindre dans tous les temps, que je ne veux point m'en mêler. Je me bornerai à vous raconter de ces faits particuliers qui établissent des rapports de sympathie irrécusable entre les hommes de toutes les sociétés et de tous les siècles.

Je n'avais jamais trouvé un grand charme

dans la société de cette marquise. Elle ne me semblait remarquable que pour la prodigieuse mémoire qu'elle avait conservée du temps de sa jeunesse, et pour la lucidité virile avec laquelle s'exprimaient ses souvenirs. Du reste, elle était, comme tous les vieillards, oublieuse des choses de la veille et insouciante des événements qui n'avaient point sur sa destinée une influence directe.

Elle n'avait pas eu une de ces beautés piquantes qui, manquant d'éclat et de régularité, ne pouvaient se passer d'esprit. Une femme ainsi faite en acquérait pour devenir aussi belle que celles qui l'étaient davantage. La marquise, au contraire, avait eu le malheur d'être incontestablement belle. Je n'ai vu d'elle que son portrait, qu'elle avait, comme toutes les vieilles femmes, la coquetterie d'étaler dans sa chambre à tous les regards. Elle y était représentée en nymphe chasseresse, avec un corsage de satin imprimé imitant la peau de tigre, des manches de dentelle, un arc de bois de santal, et un croissant de perles qui se jouait sur ses cheveux crêpés. C'était, malgré tout, une admirable peinture, et surtout une admirable femme : grande, svelte, brune, avec des yeux noirs, des traits sévères et nobles, une bouche vermeille qui ne souriait point, et des mains qui, dit-on, avaient fait le désespoir de la princesse de Lamballe. Sans la dentelle, le satin et la poudre, c'eût été vraiment là une de ces nymphes fières et agiles que les mortels apercevaient au fond des forêts ou sur le flanc des montagnes pour en devenir fous d'amour et de regret.

Pourtant la marquise avait eu peu d'aventures. De son propre aveu, elle avait passé pour manquer d'esprit. Les hommes blasés d'alors aimaient moins la beauté pour elle-même que pour ses agaceries coquettes. Des femmes infiniment moins admirées lui avaient ravi tous ses adorateurs, et, ce qu'il y a d'étrange, elle n'avait pas semblé s'en soucier beaucoup. Ce qu'elle m'avait raconté, à *bâtons rompus*, de sa vie me faisait penser que ce cœur-là n'avait point eu de jeunesse, et que la froideur de l'égoïsme avait dominé toute autre faculté. Cependant je voyais autour d'elle des amitiés assez vives pour la vieillesse : ses petits-enfants la chérissaient, et elle faisait du bien sans ostentation; mais comme elle ne se piquait point de principes, et avouait n'avoir jamais aimé son amant, le vicomte de Larrieux, je ne pouvais pas trouver d'autre explication à son caractère.

Un soir je la vis plus expansive encore que de coutume. Il y avait de la tristesse dans ses pensées. « Mon cher enfant, me dit-elle, le vicomte de Larrieux vient de mourir de sa goutte; c'est une grande douleur pour moi qui fus son amie pendant soixante ans. Et puis il est effrayant de voir comme l'on meurt! Ce n'est pas étonnant après tout, il était si vieux!

— Quel âge avait-il? lui demandai-je.

— Quatre-vingt-quatre ans. Pour moi, j'en ai quatre-vingts; mais je ne suis pas infirme comme il l'était; je dois espérer de vivre plus que lui. N'importe! voici plusieurs de mes amis qui s'en vont cette année, et on a beau se dire qu'on est plus jeune et plus robuste, on ne peut pas s'empêcher d'avoir peur quand on voit partir ainsi ses contemporains.

— Ainsi, lui dis-je, voilà tous les regrets que vous lui accordez, à ce pauvre Larrieux, qui vous a adorée pendant soixante ans, qui n'a cessé de se plaindre de vos rigueurs, et qui ne s'en est jamais rebuté? C'était le modèle des amants, celui-là! On ne fait plus de pareils hommes!

— Laissez donc, dit la marquise avec un sourire froid, cet homme avait la manie de se lamenter et de se dire malheureux. Il ne l'était pas du tout; chacun le sait. »

Voyant ma marquise en train de babiller,

je la pressai de questions sur ce vicomte de Larrieux et sur elle-même; et voici la singulière réponse que j'en obtins.

« Mon cher enfant, je vois bien que vous me regardez comme une personne d'un caractère très maussade et très inégal. Il se peut que cela soit. Jugez-en vous-même ; je vais vous dire toute mon histoire, et vous confesser des travers que je n'ai jamais dévoilés à personne. Vous qui êtes d'une époque sans préjugés, vous me trouverez moins coupable peut-être que je ne me le semble à moi-même ; mais, quelle que soit l'opinion que vous prendrez de moi, je ne mourrai pas sans m'être fait connaître à quelqu'un. Peut-être me donnerez-vous quelque marque de compassion qui adoucira la tristesse de mes souvenirs.

Je fus élevée à Saint-Cyr. L'éducation brillante qu'on y recevait produisait effectivement fort peu de chose. J'en sortis à seize ans pour épouser le marquis de R..... qui en avait cinquante, et je n'osai pas m'en plaindre, car tout le monde me félicitait sur ce beau mariage, et toutes les filles sans fortune enviaient mon sort.

J'ai toujours eu peu d'esprit; dans ce temps-là j'étais tout-à-fait bête. Cette éducation claustrale avait achevé d'engourdir mes facultés déjà très lentes. Je sortis du couvent avec une de ces niaises innocences dont on a bien tort de nous faire un mérite, et qui nuisent souvent au bonheur de toute notre vie.

En effet, l'expérience que j'acquis en six mois de mariage trouva un esprit si étroit pour la recevoir, qu'elle ne me servit de rien. J'appris, non pas à connaître la vie, mais à douter de moi-même. J'entrai dans le monde avec des idées tout-à-fait fausses et des préventions dont toute ma vie n'a pu détruire l'effet.

A seize ans et demi j'étais veuve; et ma belle-mère, qui m'avait prise en amitié pour la nullité de mon caractère, m'exhorta à me remarier. Il est vrai que j'étais grosse, et que le faible douaire qu'on me laissait devait retourner à la famille de mon mari au cas où je donnerais un beau-père à son héritier. Dès que mon deuil fut passé, on me produisit donc dans le monde, et l'on m'y entoura de galants. J'étais alors dans tout l'éclat de ma beauté, et, de l'aveu de toutes les femmes, il n'était point de figure ni de taille qui pussent m'être comparées.

Mais mon mari, ce libertin vieux et blasé qui n'avait jamais eu pour moi qu'un dédain ironique, et qui m'avait épousée pour obtenir une place promise à ma considération, m'avait laissé tant d'aversion pour le mariage, que jamais je ne voulus consentir à contracter de nouveaux liens. Dans mon ignorance de la vie, je m'imaginais que tous les hommes étaient les mêmes, que tous avaient cette sécheresse de cœur, cette impitoyable ironie, ces caresses froides et insultantes qui m'avaient tant humiliée. Toute bornée que j'étais, j'avais fort bien compris que les rares transports de mon mari ne s'adressaient qu'à une belle femme, et qu'il n'y mettait rien de son âme. Je redevenais ensuite pour lui une sotte dont il rougissait en public, et qu'il eût voulu pouvoir renier.

Cette funeste entrée dans la vie me désenchanta pour jamais. Mon cœur, qui n'était peut-être pas destiné à cette froideur, se resserra et s'entoura de méfiances. Je pris les hommes en aversion et en dégoût. Leurs hommages m'insultèrent; je ne vis en eux que des fourbes qui se faisaient esclaves pour devenir tyrans. Je leur vouai un ressentiment et une haine éternels.

Quand on n'a pas besoin de vertu on n'en a pas; voilà pourquoi avec les mœurs les plus austères je ne fus point vertueuse. Oh! combien je regrettai de ne pouvoir l'être! combien je l'enviai, cette force morale et religieuse qui combat les passions et colore la vie! la mienne fut si froide et si nulle! que n'eussé-je point donné pour avoir des passions à réprimer, une lutte à soutenir, pour pouvoir me jeter à genoux et prier comme ces jeunes femmes que je voyais, au sortir du couvent, se maintenir sages dans le monde durant quelques années, à force de ferveur et de résistance! Moi, malheureuse, qu'avais-je à faire sur la terre? Rien qu'à me parer, à me montrer et à m'ennuyer. Je n'avais point de cœur, point de remords, point de terreurs; mon ange gardien dormait au lieu de veiller. La Vierge et ses chastes mystères étaient pour moi sans consolation et sans poésie. Je n'avais nul besoin des protections célestes; les dangers n'étaient pas faits pour moi, et je me méprisais pour ce dont j'eusse dû me glorifier.

Car il faut vous dire que je m'en prenais à moi autant qu'aux autres, quand je trouvais en moi cette volonté de ne pas aimer dégénérée en impuissance. J'avais souvent confié aux femmes qui me pressaient de faire choix d'un mari ou d'un amant l'éloignement que m'inspiraient l'ingratitude, l'égoïsme et la brutalité des hommes. Elles me riaient au nez quand je parlais ainsi, m'assurant que tous n'étaient pas semblables à mon vieux mari, et qu'ils avaient des secrets pour se faire pardonner leurs défauts et leurs vices. Cette manière de raisonner me révoltait; j'étais humiliée d'être femme en entendant d'autres femmes exprimer des sentiments aussi grossiers, et rire comme des folles quand l'indignation me montait au visage. Je m'imaginais un instant valoir mieux qu'elles toutes.

Et puis je retombais avec douleur sur moi-même; l'ennui me rongeait. La vie des autres était remplie, la mienne était vide et oisive. Alors je m'accusais de folie et d'ambition démesurée; je me mettais à croire tout ce que m'avaient dit ces femmes rieuses et philosophes, qui prenaient si bien leur siècle comme il était. Je me disais que l'ignorance m'avait perdue, que je m'étais forgé des espérances chimériques, que j'avais rêvé des hommes loyaux et parfaits qui n'étaient point de ce monde. En un mot, je m'accusais de tous les torts qu'on avait eus envers moi.

Tant que les femmes espérèrent me voir bientôt convertie à leurs maximes et à ce qu'elles appelaient leur sagesse, elles me supportèrent. Il y en avait même plus d'une qui fondait sur moi un grand espoir de justification pour elle-même, plus d'une qui avait passé des témoignages exagérés d'une vertu farouche à une conduite éventée, et qui se flattait de me voir donner au monde l'exemple d'une légèreté capable d'excuser la sienne.

Mais quand elles virent que cela ne se réalisait point, que j'avais déjà vingt ans et que j'étais incorruptible, elles me prirent en horreur; elles prétendirent que j'étais leur critique incarnée et vivante; elles me tournèrent en ridicule avec leurs amants, et ma conquête fut l'objet des plus outrageants projets et des plus immorales entreprises. Des femmes d'un haut rang dans le monde ne rougirent point de tramer en riant d'infâmes complots contre moi, et, dans la liberté de mœurs de la campagne, je fus attaquée de toutes les manières avec un acharnement de désirs qui ressemblait à de la haine. Il y eut des hommes qui promirent à leurs maîtresses de m'apprivoiser, et des femmes qui permirent à leurs amants de l'essayer. Il y eut des maîtresses de maison qui s'offrirent à égarer ma raison avec l'aide des vins de leurs soupers. J'eus des amies et des parentes qui me présentèrent, pour me tenter, des hommes dont j'aurais fait de très beaux cochers pour ma voiture. Comme j'avais eu l'ingénuité de leur ouvrir toute mon âme, elles savaient fort bien que ce n'était ni la piété, ni l'honneur, ni un ancien amour, qui me préservaient, mais bien la méfiance et un sentiment de répulsion involontaire; elles ne manquèrent pas de divulguer mon caractère, et, sans tenir compte des incertitudes et des angoisses de mon âme, elles répandirent hardiment que je méprisais tous les hommes. Il n'est rien qui les blesse plus que ce sentiment; ils pardonnent plutôt le libertinage que le dédain. Aussi partagèrent-ils l'aversion que les femmes avaient pour moi; ils ne me recherchèrent plus que pour satisfaire leur vengeance et me railler ensuite. Je trouvai l'ironie et la fausseté écrites sur tous les fronts, et ma misanthropie s'en accrut chaque jour.

Une femme d'esprit eût pris son parti sur tout cela; elle eût persévéré dans la résistance, ne fût-ce que pour augmenter la rage de ses rivales; elle se fût jetée ouvertement dans la piété, pour se rattacher à la société de ce petit nombre de femmes vertueuses qui, même en ce temps-là, faisaient l'édification des honnêtes gens. Mais je n'avais pas assez de force dans le caractère pour faire face à l'orage qui grossissait contre moi. Je me voyais délaissée, haïe, méconnue ; déjà ma réputation était sacrifiée aux imputations les plus horribles et les plus bizarres. Certaines femmes vouées à la plus licencieuse débauche feignaient de se croire en danger auprès de moi.

II.

Sur ces entrefaites arriva de province un homme sans talent, sans esprit, sans aucune qualité énergique ou séduisante, mais doué d'une grande candeur et d'une droiture de sentiments bien rare dans le monde où je vivais. Je commençais à me dire qu'il fallait faire enfin un *choix*, comme disaient mes compagnes. Je ne pouvais pas me marier, étant mère, et, n'ayant confiance à la bonté d'aucun homme, je ne croyais pas avoir ce droit. C'était donc un amant qu'il me fallait accepter pour être au niveau de la compagnie où j'étais jetée. Je me déterminai en faveur de ce provincial, dont le nom et l'état dans le monde me couvraient d'une assez belle protection. C'était le vicomte de Larrieux.

Il m'aimait, lui, et dans la sincérité de son âme. Mais son âme! en avait-il une? C'était un de ces hommes froids et positifs qui n'ont pas même pour eux l'élégance du vice et l'esprit du mensonge. Il m'aimait à son ordinaire, comme mon mari m'avait quelquefois aimée. Il n'était frappé que de ma beauté et ne se mettait pas en peine de découvrir mon cœur. Chez lui ce n'était pas dédain, c'était ineptie. S'il eût trouvé en moi la puissance d'aimer, il n'eût pas su comment y répondre.

Je ne crois pas qu'il ait existé un homme plus matériel que ce pauvre Larrieux. Il mangeait avec volupté, il s'endormait sur tous les fauteuils, et le reste du temps il prenait du tabac. Il était ainsi toujours occupé à satisfaire quelque appétit physique. Je ne pense pas qu'il eût une idée par jour.

Avant de l'élever jusqu'à mon intimité, j'avais de l'amitié pour lui, parce que si je ne trouvais en lui rien de grand, du moins je n'y trouvais rien de méchant; et en cela seul consistait sa supériorité sur tout ce qui m'entourait. Je me flattai donc, en écoutant ses galanteries, qu'il me réconcilierait avec la nature humaine, et je me confiai à sa loyauté. Mais à peine lui eus-je donné sur moi ces droits que les femmes faibles ne reprennent jamais, qu'il me persécuta d'un genre d'obsession insupportable, et réduisit tout son système d'affection aux seuls témoignages qu'il fût capable d'apprécier.

Vous voyez, mon ami, que j'étais tombée de Charybde en Scylla. Cet homme, qu'à son large appétit et à ses habitudes de sieste j'avais cru d'un sang si calme, n'avait même pas en lui le sentiment de cette forte amitié que j'espérais rencontrer. Il disait en riant qu'il lui était impossible d'avoir de l'amitié pour une belle femme. Et si vous saviez ce qu'il appelait l'amour!

Je n'ai point la prétention d'avoir été pétrie d'un autre limon que toutes les autres créatures humaines. A présent que je ne suis plus d'aucun sexe, je pense que j'étais alors tout aussi femme qu'une autre, mais qu'il a manqué au développement de mes facultés de rencontrer un homme que je pusse aimer assez pour jeter un peu de poésie sur les faits de la vie animale. Mais cela n'étant point, vous-même qui êtes un homme, et par conséquent moins délicat sur cette perception de sentiments, vous devez comprendre le dégoût qui s'empare du cœur quand on se soumet aux exigences de l'amour sans en avoir compris les besoins. En trois jours le vicomte de Larrieux me devint insoutenable.

Eh bien! mon cher, je n'eus jamais l'énergie de me débarrasser de lui! Pendant soixante ans il a fait mon tourment et ma satiété. Par complaisance, par faiblesse ou par ennui, je l'ai supporté. Toujours mécontent de mes répugnances, et toujours attiré vers moi par les obstacles que je mettais à sa passion, il a eu pour moi l'amour le plus patient, le plus courageux, le plus soutenu et le plus ennuyeux qu'un homme ait jamais eu pour une femme.

Il est vrai que depuis que je l'avais érigé auprès de moi en protecteur, mon rôle dans le monde était infiniment moins désagréable. Les hommes n'osaient plus me rechercher; car le vicomte était un terrible ferrailleur et un atroce jaloux. Les femmes, qui avaient prédit que j'étais incapable de fixer un homme, voyaient avec dépit le vicomte enchaîné à mon char; et peut-être entrait-il dans ma patience envers lui un peu de cette vanité qui ne permet point à une femme de paraître délaissée. Il n'y avait pourtant pas de quoi se glorifier beaucoup dans la personne de ce pauvre Larrieux; mais c'était un fort bel homme; il avait du cœur, il savait se taire à propos, il menait un grand train de vie, il ne manquait pas non plus de cette fatuité modeste qui fait ressortir le mérite d'une femme. Enfin, outre que les femmes n'étaient point du tout dédaigneuses de cette fastidieuse beauté qui me semblait être le principal défaut du vicomte, elles étaient surprises du dévouement sincère qu'il me marquait, et le proposaient pour modèle à leurs amants. Je m'étais donc placée dans une situation enviée; mais cela, je vous assure, me dédommageait médiocrement des ennuis de l'intimité. Je les supportai pourtant avec résignation, et je gardai à Larrieux une inviolable fidélité. Voyez, mon cher enfant, si je fus aussi coupable envers lui que vous l'avez pensé.

— Je vous ai parfaitement comprise, lui répondis-je ; c'est vous dire que je vous plains et que je vous estime. Vous avez fait aux mœurs de votre temps un véritable sacrifice, et vous fûtes persécutée pour la conduite contraire à celle qui vous ferait honnir et condamner aujourd'hui. Avec un peu plus de force morale, vous eussiez trouvé dans la vertu tout le bonheur que vous ne trouvâtes point dans une intrigue. Mais laissez-moi m'étonner d'un fait, c'est que vous n'ayez point rencontré, dans tout le cours de votre vie, un seul homme capable de vous comprendre et digne de vous convertir au véritable amour. Faut-il en conclure que les hommes d'aujourd'hui valent mieux que les hommes d'autrefois ?

— Ce serait de votre part une grande fatuité, me répondit-elle en riant. J'ai fort peu à me louer des hommes de mon temps, et cependant je doute que vous ayez fait beaucoup de progrès; mais ne moralisons point. Qu'ils soient ce qu'ils sont; la faute de mon malheur est toute à moi; je n'avais pas l'esprit de le juger. Avec ma sauvage fierté, il aurait fallu être une femme supérieure, et choisir d'un coup d'œil d'aigle, entre tous ces hommes si plats, si faux et si vides, un de ces êtres vrais et nobles, qui sont rares et exceptionnels dans tous les temps. J'étais trop ignorante, trop bornée pour cela. A force de vivre, j'ai acquis plus de jugement : je me suis aperçue que certains d'entre eux, que j'avais confondus dans ma haine, méritaient d'autres sentiments; mais alors j'étais vieille. Il n'était plus temps de m'en aviser.

— Et tant que vous fûtes jeune, repris-je,

vous ne fûtes pas une seule fois tentée de faire un nouvel essai? Cette aversion farouche n'a jamais été ébranlée? Cela est étrange. »

III.

La marquise garda un instant le silence; mais tout à coup, posant avec bruit sur la table sa tabatière d'or, qu'elle avait longtemps roulée entre ses doigts : « Eh bien ! puisque j'ai commencé à me confesser, dit-elle, je veux tout vous avouer. Écoutez bien !

Une fois, une seule fois dans ma vie, j'ai été amoureuse, mais amoureuse comme personne ne l'a été, d'un amour passionné, indomptable, dévorant, et pourtant idéal et platonique s'il en fut. Oh! cela vous étonne bien d'apprendre qu'une marquise du dix-huitième siècle n'ait eu dans toute sa vie qu'un amour, et un amour platonique! C'est que, voyez-vous, mon enfant, vous autres jeunes gens, vous croyez bien connaître les femmes, et vous n'y entendez rien. Si beaucoup de vieilles de quatre-vingts ans se mettaient à vous raconter franchement leur vie, peut-être découvririez-vous dans l'âme féminine des sources de vice et de vertu dont vous n'avez pas l'idée.

Maintenant devinez de quel rang fut l'homme pour qui, moi, marquise, et marquise hautaine et fière entre toutes, je perdis tout-à-fait la tête.

— Le roi de France ou le dauphin Louis XVI?...

— Oh! si vous débutez ainsi, il vous faudra trois heures pour arriver jusqu'à mon amant. J'aime mieux vous le dire : c'était un comédien.

— C'était toujours bien un roi, j'imagine.

— Le plus noble et le plus élégant qui monta jamais sur les planches. Vous n'êtes pas surpris?

— Pas trop. J'ai ouï dire que ces unions disproportionnées n'étaient pas rares, même dans le temps où les préjugés avaient le plus de force en France. Laquelle des amies de madame d'Épinay vivait donc avec Jéliotte?

— Comme vous connaissez notre temps! Cela fait pitié. Eh! c'est précisément parce que ces traits-là sont consignés dans les mémoires, et cités avec étonnement, que vous devriez conclure leur rareté et leur contradiction avec les mœurs du temps. Soyez sûr qu'ils faisaient dès lors un grand scandale; et lorsque vous entendez parler d'horribles dépravations, du duc de Guiche et de Manicamp, de madame de Lionne et de sa fille, vous pouvez être assuré que ces choses-là étaient aussi révoltantes au temps où elles se passèrent qu'au temps où vous les lisez. Croyez-vous donc que ceux dont la plume indignée vous les a transmis fussent les seuls honnêtes gens de France? »

Je n'osais point contredire la marquise. Je ne sais point lequel de nous deux était compétent pour juger la question. Je la ramenai à son histoire, qu'elle reprit ainsi :

« Pour vous prouver combien peu cela était toléré, je vous dirai que la première fois que je le vis, et que j'exprimai mon admiration à la comtesse de Ferrières qui se trouvait auprès de moi, elle me répondit : « Ma toute belle, vous ferez bien de ne pas dire votre avis si chaudement devant une autre que moi; on vous raillerait cruellement si l'on vous soupçonnait d'oublier qu'aux yeux d'une femme bien née un comédien ne peut pas être un homme. »

Cette parole de madame de Ferrières me resta dans l'esprit, je ne sais pourquoi. Dans la situation où j'étais, ce ton de mépris me paraissait absurde; et cette crainte que je ne vinsse à me compromettre par mon admiration me semblait une hypocrite méchanceté.

Il s'appelait Lélio, était Italien de naissance, mais parlait admirablement le français. Il pouvait bien avoir trente-cinq ans, quoique sur la scène il parût souvent n'en avoir pas vingt. Il jouait mieux Corneille que Racine; mais dans l'un et dans l'autre il était inimitable.

— Je m'étonne, dis-je en interrompant la marquise, que son nom ne soit pas resté dans les annales du talent dramatique.

— Il n'eut jamais de réputation, répondit-elle; on ne l'appréciait ni à la ville ni à la cour. A ses débuts, j'ai ouï dire qu'il fut outrageusement sifflé. Par la suite, on lui tint compte de la chaleur de son âme et de ses efforts pour se perfectionner; on le toléra, on l'applaudit parfois; mais, en somme, on le considéra toujours comme un comédien de mauvais goût.

C'était un homme qui, en fait d'art, n'était pas plus de son siècle qu'en fait de mœurs je n'étais du mien. Ce fut peut-être là le rapport immatériel, mais tout-puissant, qui des deux extrémités de la chaîne sociale attira nos âmes l'une vers l'autre. Le public n'a pas plus compris Lélio que le monde ne m'a jugée. « Cet homme est exagéré, disait-on de lui; il se force, il ne sent rien; » et de moi l'on disait ailleurs : « Cette femme est méprisante et froide; elle n'a pas de cœur. » Qui sait si nous n'étions pas les deux êtres qui sentaient le plus vivement de l'époque?

Dans ce temps-là, on jouait la tragédie *décemment*; il fallait avoir bon ton, même en donnant un soufflet; il fallait mourir convenablement et tomber avec grâce. L'art dramatique était dans l'enfance; la diction et le geste des acteurs étaient en rapport avec les paniers et la poudre dont on affublait encore Phèdre et Clytemnestre. Je n'avais pas calculé et senti les défauts de cette école. Je n'allais pas loin dans mes réflexions; seulement la tragédie m'ennuyait à mourir; et comme il était de mauvais ton d'en convenir, j'allais courageusement m'y ennuyer deux fois par semaine; mais l'air froid et contraint dont j'écoutais ces pompeuses tirades faisait dire de moi que j'étais insensible au charme des beaux vers.

J'avais fait une assez longue absence de Paris, quand je retournai un soir à la Comédie-Française pour voir jouer le *Cid*. Pendant mon séjour à la campagne, Lélio avait été admis à ce théâtre, et je le voyais pour la première fois. Il joua Rodrigue. Je n'entendis pas plus tôt le son de sa voix que je fus émue. C'était une voix plus pénétrante que sonore, une voix nerveuse et accentuée. Sa voix était une des choses que l'on critiquait en lui. On voulait que le Cid eût une basse-taille, comme on voulait que tous les héros de l'antiquité fussent grands et forts. Un roi qui n'avait pas cinq pieds six pouces ne pouvait pas ceindre le diadème : cela était reçu dans les arrêts du bon goût.

Lélio était petit et grêle ; sa beauté ne consistait pas dans les traits, mais dans la noblesse du front, dans la grâce irrésistible des attitudes, dans l'abandon de la démarche, dans l'expression fière et mélancolique de la physionomie. Je n'ai jamais vu dans une statue, dans une peinture, dans un homme, une puissance de beauté plus idéale et plus suave. C'est pour lui qu'aurait dû être créé le mot de *charme*, qui s'appliquait à toutes ses paroles, à tous ses regards, à tous ses mouvements.

Que vous dirai-je ! Ce fut en effet un *charme* jeté sur moi. Cet homme, qui marchait, qui parlait, qui agissait sans méthode et sans prétention, qui sanglotait avec le cœur autant qu'avec la voix, qui s'oubliait lui-même pour s'identifier avec la passion; cet homme que l'âme semblait user et briser, et dont un regard renfermait tout l'amour que j'avais cherché vainement dans le monde, exerça sur moi une puissance vraiment électrique; cet homme, qui n'était pas né dans son temps de gloire et de sympathies, et qui n'avait que moi pour le comprendre et marcher avec lui, fut, pendant cinq ans, mon roi, mon dieu, ma vie, mon amour.

Je ne pouvais plus vivre sans le voir : il me gouvernait, il me dominait. Ce n'était pas un homme pour moi; mais je l'entendais autrement que madame de Ferrières; c'était bien plus : c'était une puissance morale, un maître intellectuel, dont l'âme pétrissait la mienne à son gré. Bientôt il me fut impossible de renfermer les impressions que je recevais de lui. J'abandonnai ma loge à la Comédie-Française pour ne pas me trahir. Je feignis d'être devenue dévote, et d'aller, le soir, prier dans les églises. Au lieu de cela, je m'habillais en grisette, et j'allais me mêler au peuple pour l'écouter et le contempler à mon aise. Enfin, je gagnai un des employés du théâtre, et j'eus, dans un coin de la salle, une place étroite et secrète, où nul regard ne pouvait m'atteindre et où je me rendais par un passage dérobé. Pour plus de sûreté, je m'habillais en écolier. Ces folies, que je faisais pour un homme avec lequel je n'avais jamais échangé un mot ni un regard, avaient pour moi tout l'attrait du mystère et toute l'illusion du bonheur. Quand l'heure de la comédie sonnait à l'énorme pendule dorée de mon salon, de violentes palpitations me saisissaient. J'essayais de me recueillir, tandis qu'on apprêtait ma voiture ; je marchais avec agitation, et si Larrieux était près de moi, je le brutalisais pour le renvoyer; j'éloignais avec un art infini les autres importuns. Tout l'esprit que me donna cette passion de théâtre n'est pas croyable. Il faut que j'aie eu bien de la dissimulation et bien de la finesse pour le cacher pendant cinq ans à Larrieux, qui était le plus jaloux des hommes, et à tous les méchants qui m'entouraient.

Il faut vous dire qu'au lieu de la combattre je m'y livrais avec avidité, avec délices. Elle était si pure! Pourquoi donc en aurais-je rougi? Elle me créait une vie nouvelle; elle m'initiait enfin à tout ce que j'avais désiré connaître et sentir; jusqu'à un certain point elle me faisait femme.

J'étais heureuse, j'étais fière de me sentir trembler, étouffer, défaillir. La première fois qu'une violente palpitation vint éveiller mon cœur inerte, j'eus autant d'orgueil qu'une jeune mère au premier mouvement de l'enfant renfermé dans son sein. Je devins boudeuse, rieuse, maligne, inégale. Le bon Larrieux observa que la dévotion me donnait de singuliers caprices. Dans le monde, on trouva que j'embellissais chaque jour davantage, que mon œil noir se veloutait, que mon sourire avait de la pensée, que mes remarques sur toutes choses portaient plus juste et allaient plus loin qu'on ne m'en aurait cru capable. On en fit tout l'honneur à Larrieux, qui en était pourtant bien innocent.

Je suis décousue dans mes souvenirs, parce que voici une époque de ma vie où ils m'inondent. En vous les disant, il me semble que je rajeunis et que mon cœur bat encore au nom de Lélio. Je vous disais tout à l'heure qu'en entendant sonner la pendule je frémissais de joie et d'impatience. Maintenant encore il me semble ressentir l'espèce de suffocation délicieuse qui s'emparait de moi au timbre de cette sonnerie. Depuis ce temps-là, des vicissitudes de fortune m'ont amenée à me trouver fort heureuse dans un petit appartement du Marais. Eh bien! je ne regrette rien de mon riche hôtel, de mon noble faubourg et de ma splendeur passée, que les objets qui m'eussent rappelé ce temps d'amour et de rêves. J'ai sauvé du désastre quelques meubles qui datent de cette époque, et que je regarde avec la même émotion que si l'heure allait sonner, et que si le pied de mes chevaux battait le pavé. Oh! mon enfant, n'aimez jamais ainsi; car c'est un orage qui ne s'apaise qu'à la mort!

Alors je partais, vive, et légère, et jeune, et heureuse! Je commençais à apprécier tout ce dont se composait ma vie, le luxe, la jeunesse, la beauté. Le bonheur se révélait à moi par tous les sens, par tous les pores. Doucement pliée au fond de mon carrosse, les pieds enfoncés dans la fourrure, je voyais ma figure brillante et parée se répéter dans la glace encadrée d'or placée vis-à-vis de moi. Le costume des femmes, dont on s'est tant moqué depuis, était alors d'une richesse et d'un éclat extraordinaires ; porté avec goût et châtié dans ses exagérations, il prêtait à la beauté une noblesse et une grâce moelleuse dont les peintures ne sauraient vous donner l'idée. Avec tout cet attirail de plumes, d'étoffes et de fleurs, une femme était forcée de mettre une sorte de lenteur à tous ses mouvements. J'en ai vu de fort blanches qui, lorsqu'elles étaient poudrées et habillées de blanc, traînant leur longue queue de moire et balançant avec souplesse les plumes de leur front, pouvaient, sans hyperbole, être comparées à des cygnes. C'était, en effet, quoi qu'en ait dit Rousseau, bien plus à des oiseaux qu'à des guêpes que nous ressemblions avec ces énormes plis de satin, cette profusion de mousselines et de bouffantes qui cachaient un petit corps tout frêle, comme le duvet cache la tourterelle ; avec ces longs ailerons de dentelle qui tombaient du bras, avec ces vives couleurs qui bigarraient nos jupes, nos rubans et nos pierreries, et quand nous tenions nos petits pieds en équilibre dans de jolies mules à talons, c'est alors vraiment que nous semblions craindre de toucher la terre, et que nous marchions avec la précaution dédaigneuse d'une bergeronnette au bord d'un ruisseau.

A l'époque dont je vous parle, on commençait à porter de la poudre blonde, qui donnait aux cheveux une teinte douce et cendrée. Cette manière d'atténuer la crudité des tons de la chevelure donnait au visage beaucoup de douceur et aux yeux un éclat extraordinaire. Le front, entièrement découvert, se perdait dans les pâles nuances de ces cheveux de convention; il en paraissait plus large, plus pur, et toutes les femmes avaient l'air noble. Aux crêpés, qui n'ont jamais été gracieux, à mon sens, avaient succédé les coiffures basses, les grosses boucles rejetées en arrière et tombant sur le cou et sur les épaules. Cette coiffure m'allait fort bien, et j'étais renommée pour la richesse et l'invention de mes parures. Je sortais tantôt avec une robe de velours cramoisi, garnie de grèbe ; tantôt avec une tunique de satin blanc, bordée de peau de tigre ; quelquefois avec un habit complet de damas lilas, lamé d'argent, et des plumes blanches, montées en perles. C'est ainsi que j'allais faire quelques visites, en attendant l'heure de la seconde pièce, car Lélio ne jouait jamais dans la première.

Je faisais sensation dans les salons, et lorsque je remontais dans mon carrosse, je regardais avec complaisance la femme qui aimait Lélio, et qui pouvait s'en faire aimer. Jusque-là le seul plaisir que j'eusse trouvé à être belle consistait dans la jalousie que j'inspirais. Le soin que je prenais à m'embellir était une bien bénigne vengeance envers ces femmes qui avaient ourdi de si horribles complots contre moi. Mais du moment que j'aimai, je me mis à jouir de ma beauté pour moi-même. Je n'avais que cela à offrir à Lélio, en compensation de tous les triomphes qu'on lui déniait à Paris, et je m'amusais à me représenter l'orgueil et la joie de ce pauvre comédien si moqué, si méconnu, si rebuté, le jour où il apprendrait que la marquise de R.... lui avait voué son culte.

Au reste, ce n'étaient là que des rêves riants et fugitifs; c'étaient tous les résultats, tous les profits que je tirais de ma position. Dès que mes pensées prenaient un corps, et que je m'apercevais de la consistance d'un projet quelconque dans mon amour, je l'étouffais courageusement, et tout l'orgueil du rang reprenait ses droits sur mon âme. Vous me regardez d'un air étonné? Je vous expliquerai cela tout à l'heure. Laissez-moi parcourir le monde enchanté de mes souvenirs.

Vers huit heures, je me faisais descendre

à la petite église des Carmélites, près le
Luxembourg ; je renvoyais ma voiture, et
j'étais censée assister à des conférences religieuses qui s'y tenaient à cette heure-là ;
mais je ne faisais que traverser l'église et
le jardin ; je sortais par une autre rue ; j'allais trouver dans sa mansarde une jeune ou-
vrière nommée Florence, qui m'était toute
dévouée. Je m'enfermais dans sa chambre,
et je déposais avec joie sur son grabat tous
mes atours pour endosser l'habit noir carré,
l'épée à gaîne de chagrin et la perruque sy-
métrique d'un jeune proviseur de collége,
aspirant à la prêtrise. Grande comme j'é-
tais, brune et le regard inoffensif, j'avais
bien l'air gauche et hypocrite d'un petit
prestolet qui se cache pour aller au spectacle. Florence, qui me supposait une intrigue véritable au dehors, riait avec moi de
mes métamorphoses, et j'avoue que je ne
les eusse pas prises plus gaîment pour aller
m'enivrer de plaisir et d'amour, comme

toutes ces jeunes folles qui avaient des soupers clandestins et de petites maisons.

Je montais dans un fiacre, et j'allais me blottir dans ma logette du théâtre. Ah! alors mes palpitations, mes terreurs, mes joies, mes impatiences cessaient. Un recueillement profond s'emparait de toutes mes facultés, et je restais comme absorbée jusqu'au lever du rideau, dans l'attente d'une grande solennité.

Comme le vautour prend une perdrix dans son vol magnétique, comme il la tient haletante et immobile dans le cercle magique qu'il trace au-dessus d'elle, l'âme de Lélio, sa grande âme de tragédien et de poète, enveloppait toutes mes facultés et me plongeait dans la torpeur de l'admiration. J'écoutais, les mains contractées sur mon genou, le menton appuyé sur le velours d'Utrecht de la loge, le front baigné de sueur. Je retenais ma respiration, je maudissais la clarté fatigante des lumières, qui lassait mes yeux secs et brûlants, attachés à tous ses gestes, à tous ses pas. J'aurais voulu saisir la moindre palpitation de son sein, le moindre pli de son front. Ses émotions feintes, ses malheurs de théâtre, me pénétraient comme des choses réelles. Je ne savais bientôt plus distinguer l'erreur de la vérité. Lélio n'existait plus pour moi : c'était Rodrigue, c'était Xipharès, c'était Hippolyte. Je haïssais ses ennemis, je tremblais pour ses dangers; ses douleurs me faisaient répandre avec lui des flots de larmes; sa mort m'arrachait des cris que j'étais forcée d'étouffer en mâchant mon mouchoir. Dans les entr'actes, je tombais épuisée au fond de ma loge; j'y restais comme morte, jusqu'à ce que l'aigre ritournelle m'eût annoncé le lever du rideau. Alors je ressuscitais, je redevenais forte et ardente, pour admirer, pour sentir, pour pleurer. Que de fraîcheur, que de poésie, que de jeunesse il y avait dans le talent de cet homme! Il fallait que toute cette génération fût de glace pour ne pas tomber à ses pieds.

Et pourtant, quoiqu'il choquât toutes les idées reçues, quoiqu'il lui fût impossible de se faire au goût de ce sot public, quoiqu'il scandalisât les femmes par le désordre de sa tenue, quoiqu'il offensât les hommes par ses mépris pour leurs sottes exigences, il avait des moments de puissance sublime et de fascination irrésistible, où il prenait tout ce public rétif et ingrat dans son regard et dans sa parole, comme dans le creux de sa main, et il le forçait d'applaudir et de frissonner. Cela était rare, parce que l'on ne change pas subitement tout l'esprit d'un siècle; mais quand cela arrivait, les applaudissements étaient frénétiques; il semblait que, subjugués alors par son génie, les Parisiens voulussent expier toutes leurs injustices. Moi, je croyais plutôt que cet homme avait par instants une puissance surnaturelle, et que ses plus amers contempteurs se sentaient entraînés à le faire triompher malgré eux. En vérité, dans ces moments-là, la salle de la Comédie-Française semblait frappée de délire, et en sortant, on se regardait, tout étonné d'avoir applaudi Lélio. Pour moi, je me livrais alors à mon émotion; je criais, je pleurais, je le nommais avec passion, je l'appelais avec folie; ma faible voix se perdait heureusement dans le grand orage qui éclatait autour de moi.

D'autres fois on le sifflait dans des situations où il me semblait sublime, et je quittais le spectacle avec rage; ces jours-là étaient les plus dangereux pour moi. J'étais violemment tentée d'aller le trouver, de pleurer avec lui, de maudire le siècle et de le consoler en lui offrant mon enthousiasme et mon amour.

Un soir que je sortais par le passage dérobé où j'étais admise, je vis passer rapidement devant moi un homme petit et maigre qui se dirigeait vers la rue. Un machiniste lui ôta son chapeau en lui disant: « Bonsoir, monsieur Lélio. » Aussitôt, avide de regarder de près cet homme extraordinaire, je m'élance sur ses traces, je traverse la rue, et, sans me soucier du danger auquel je m'expose, j'entre avec lui dans un café. Heureusement c'était un café borgne, où je ne devais rencontrer aucune personne de mon rang.

Quand, à la clarté d'un mauvais lustre enfumé, j'eus jeté les yeux sur Lélio, je crus m'être trompée et avoir suivi un autre que lui. Il avait au moins trente-cinq ans; il était jaune, flétri, usé; il était mal mis; il avait l'air commun; il parlait d'une voix rauque et éteinte, donnait la main à des pleutres, avalait de l'eau-de-vie et jurait horriblement. Il me fallut entendre prononcer plusieurs fois son nom pour m'assurer que c'était bien là le dieu du théâtre et l'interprète du grand Corneille. Je ne retrouvais plus rien en lui des charmes qui m'avaient fascinée, pas même son regard si noble, si ardent e si triste. Son œil était morne, éteint, presque stupide; sa prononciation accentuée devenait ignoble en s'adressant au garçon de café, en parlant de jeu, de cabaret et de filles. Sa démarche était lâche, sa tournure sale, ses joues mal essuyées de fard. Ce n'était plus Hippolyte, c'était Lélio. Le temple était vide et pauvre; l'oracle était muet; le dieu s'était fait homme, pas même homme, comédien.

Il sortit, et je restai longtemps stupéfaite à ma place, ne songeant point à avaler le vin chaud épicé que j'avais demandé pour me donner un air cavalier. Quand je m'aperçus du lieu où j'étais et des regards qui s'attachaient sur moi, la peur me prit; c'était la première fois de ma vie que je me trouvais dans une situation si équivoque et dans un contact si direct avec des gens de cette classe; depuis, l'émigration m'a bien aguerrie à ces inconvenances de position.

Je me levai et j'essayai de fuir, mais j'oubliai de payer. Le garçon courut après moi. J'eus une honte effroyable; il fallut rentrer, m'expliquer au comptoir, soutenir tous les regards méfiants et moqueurs dirigés sur moi. Quand je fus sortie, il me sembla qu'on me suivait. Je cherchai vainement un fiacre pour m'y jeter, il n'y en avait plus devant la Comédie. Des pas lourds se faisaient entendre toujours sur les miens. Je me retournai en tremblant; je vis un grand escogriffe que j'avais remarqué dans un coin du café, et qui avait bien l'air d'un mouchard ou de quelque chose de pis. Il me parla; je ne sais pas ce qu'il me dit, la frayeur m'ôtait l'intelligence; cependant j'eus assez de présence d'esprit pour m'en débarrasser. Transformée tout d'un coup en héroïne par ce courage que donne la peur, je lui allongeai rapidement un coup de canne dans la figure, et jetant aussitôt la canne pour mieux courir, tandis qu'il restait étourdi de mon audace, je pris ma course, légère comme un trait, et ne m'arrêtai que chez Florence. Quand je m'éveillai le lendemain à midi dans mon lit à rideaux ouatés et à chapiteaux de plumes roses, je crus avoir fait un rêve, et j'éprouvai de ma déception et de mon aventure de la veille une grande mortification. Je me crus sérieusement guérie de mon amour, et j'essayai de m'en féliciter; mais ce fut en vain. J'en éprouvais un regret mortel; l'ennui retombait sur ma vie, tout se désenchantait. Ce jour-là je mis Larrieux à la porte.

Le soir arriva et ne m'apporta plus ces agitations bienfaisantes des autres soirs. Le monde me sembla insipide. J'allai à l'église; j'écoutai la conférence, résolue à me faire dévote : je m'y enrhumai ; j'en revins malade.

Je gardai le lit plusieurs jours. La comtesse de Ferrières vint me voir, m'assura que je n'avais point de fièvre, que le lit me rendait malade, qu'il fallait me distraire, sortir, aller à la comédie. Je crois qu'elle avait des vues sur Larrieux, et qu'elle voulait ma mort.

Il en arriva autrement; elle me força d'aller avec elle voir jouer *Cinna.* « Vous ne venez plus au spectacle, me disait-elle ; c'est la dévotion et l'ennui qui vous minent. Il y a longtemps que vous n'avez vu Lélio ; il a fait des progrès; on l'applaudit quelquefois maintenant; j'ai dans l'idée qu'il deviendra supportable. »

Je ne sais comment je me laissai entraîner. Au reste, désenchantée de Lélio comme je l'étais, je ne risquais plus de me perdre en affrontant ses séductions en public. Je me parai excessivement, et j'allai en grande loge d'avant-scène braver un danger auquel je ne croyais plus.

Mais le danger ne fut jamais plus imminent. Lélio fut sublime, et je m'aperçus que jamais je n'en avais été plus éprise. L'aventure de la veille ne me paraissait plus qu'un rêve; il ne se pouvait pas que Lélio fût autre qu'il ne me paraissait sur la scène. Malgré moi, je retombai dans toutes les agitations terribles qu'il savait me communiquer. Je fus forcée de couvrir mon visage en pleurs de mon mouchoir; dans mon désordre, j'effaçai mon rouge, j'enlevai mes mouches, et la comtesse de Ferrières m'engagea à me retirer au fond de ma loge, parce que mon émotion faisait événement dans la salle. Heureusement j'eus l'adresse de faire croire que tout cet attendrissement était produit par le jeu de mademoiselle Hippolyte Clairon. C'était, à mon avis, une tragédienne bien froide et bien compassée, trop supérieure peut-être, par son éducation et son caractère, à la profession du théâtre comme on l'entendait alors; mais la manière dont elle disait : *tout beau*, dans *Cinna*, lui avait fait une réputation de haut lieu.

Il est vrai de dire que, lorsqu'elle jouait avec Lélio, elle devenait très supérieure à elle-même. Quoiqu'elle affichât aussi un mépris de bon ton pour sa méthode, elle subissait l'influence de son génie sans s'en apercevoir, et s'inspirait de lui lorsque la passion les mettait en rapport sur la scène.

Ce soir-là Lélio me remarqua, soit pour ma parure, soit pour mon émotion, car je le vis se pencher, dans un instant où il était hors de scène, vers un des hommes qui étaient assis à cette époque sur le théâtre, et lui demander mon nom. Je compris cela à la manière dont leurs regards me désignèrent. J'en eus un battement de cœur qui faillit m'étouffer, et je remarquai que dans le cours de la pièce les yeux de Lélio se dirigèrent plusieurs fois de mon côté. Que n'aurais-je pas donné pour savoir ce que lui avait dit de moi le chevalier de Brétillac, celui qu'il avait interrogé, et qui, en me regardant, lui avait parlé à plusieurs reprises! La figure de Lélio, forcée de rester grave pour ne pas déroger à la dignité de son rôle, n'avait rien exprimé qui pût me faire deviner le genre de renseignements qu'on lui donnait sur mon compte. Je connaissais du reste fort peu ce Brétillac, je n'imaginais pas ce qu'il avait pu dire de moi en bien ou en mal.

De ce soir seulement je compris l'espèce d'amour qui m'enchaînait à Lélio; c'était une passion tout intellectuelle, toute romanesque. Ce n'était pas lui que j'aimais, mais les héros des anciens jours qu'il savait représenter; ces types de franchise, de loyauté et de tendresse à jamais perdus, revivaient en lui, et je me trouvais avec lui et par lui reportée à une époque de vertus désormais oubliées. J'avais l'orgueil de penser qu'en ces jours-là je n'eusse pas été méconnue et diffamée, que mon cœur eût pu se donner, que je n'eusse pas été réduite à aimer un fantôme de comédie. Lélio n'était pour moi que l'ombre du Cid, que le représentant de l'amour antique et chevaleresque dont on se moquait maintenant en France. Lui, l'homme, l'histrion, je ne le craignais guère, je l'avais vu; je ne pouvais l'aimer qu'en public. Mon Lélio à moi, c'était un être factice que je ne pouvais plus saisir dès qu'on éteignait le lustre de la Comédie. Il lui fallait l'illusion de la scène, le reflet des quinquets, le fard du costume pour être celui que j'aimais. En dépouillant tout cela, il rentrait pour moi dans le néant; comme une étoile il s'effaçait à l'éclat du jour. Hors les planches il ne me prenait plus la moindre envie de le voir, et même j'en eusse été désespérée. C'eût été pour moi comme de contempler un grand homme réduit à un peu de cendre dans un vase d'argile.

Mes fréquentes absences aux heures où j'avais l'habitude de recevoir Larrieux, et surtout mon refus formel d'être désormais sur un autre pied avec lui que sur celui de l'amitié, lui inspirèrent un accès de jalousie mieux fondée, je l'avoue, qu'aucun de ceux qu'il eût ressentis. Un soir que j'allais aux Carmélites dans l'intention de m'en échapper par l'autre issue, je m'aperçus qu'il me suivait, et je compris qu'il serait désormais presque impossible de lui cacher mes courses nocturnes. Je pris donc le parti d'aller publiquement au théâtre. J'acquis peu à peu l'hypocrisie nécessaire pour renfermer mes impressions, et d'ailleurs je me mis à professer hautement pour Hippolyte Clairon une admiration qui pouvait donner le change sur mes véritables sentiments. J'étais désormais plus gênée; forcée comme je l'étais de m'observer attentivement, mon plaisir était moins vif et moins profond ; mais de cette situation il en naquit une autre qui établit une compensation rapide. Lélio me voyait, il m'observait ; ma beauté l'avait frappé, ma sensibilité le flattait. Ses regards avaient peine à se détacher de moi. Quelquefois il en eut des distractions qui mécontentèrent le public. Bientôt il me fut impossible de m'y tromper ; il m'aimait à en perdre la tête.

Ma loge ayant semblé faire envie à la princesse de Vaudémont, je la lui avais cédée pour en prendre une plus petite, plus enfoncée et mieux située. J'étais tout-à-fait sur la rampe ; je ne perdais pas un regard de Lélio, et les siens pouvaient m'y chercher sans me compromettre. D'ailleurs je n'avais même plus besoin de ce moyen pour correspondre avec toutes ses sensations ; dans le son de sa voix, dans les soupirs de son sein, dans l'accent qu'il donnait à certains vers, à certains mots, je comprenais qu'il s'adressait à moi. J'étais la plus fière et la plus heureuse des femmes ; car, à ces heures-là, ce n'était pas du comédien, c'était du héros que j'étais aimée.

Eh bien! après deux années d'un amour que j'avais nourri inconnu et solitaire au fond de mon âme, trois hivers s'écoulèrent encore sur cet amour désormais partagé, sans que jamais mon regard donnât à Lélio le droit d'espérer autre chose que ces rapports intimes et mystérieux. J'ai su depuis que Lélio m'avait souvent suivie dans les promenades; je ne daignai pas l'apercevoir ni le distinguer dans la foule, tant j'étais peu avertie par le désir de le distinguer hors du théâtre. Ces cinq années sont les seules que j'aie vécues sur quatre-vingts.

Un jour enfin je lus dans le *Mercure de France* le nom d'un nouvel acteur engagé à la Comédie-Française, à la place de Lélio, qui partait pour l'étranger. Cette nouvelle fut un coup mortel pour moi; je ne concevais point comment je pourrais vivre désormais sans cette émotion, sans cette existence de passion et d'orage. Cela fit faire à mon amour un progrès immense et faillit me perdre.

Désormais je ne me combattis plus pour étouffer dès sa naissance toute pensée contraire à la dignité de mon rang. Je ne m'applaudis plus de ce qu'était réellement Lélio. Je souffris, je murmurai en secret de ce qu'il n'était point ce qu'il paraissait être sur les planches, et j'allai jusqu'à le souhaiter beau et jeune comme l'art le faisait chaque soir, afin de pouvoir lui sacrifier tout l'orgueil de mes préjugés et toutes les répugnances de mon organisation. Maintenant que j'allais perdre cet être moral qui remplissait depuis si longtemps mon âme, il me prenait envie de réaliser tous mes rêves et d'essayer de la vie positive, sauf à détester ensuite et la vie, et Lélio, et moi-même.

J'en étais à ces irrésolutions, lorsque je reçus une lettre d'une écriture inconnue; c'est la seule lettre d'amour que j'aie conservée parmi les mille protestations écrites de Larrieux et les mille déclarations parfumées de cent autres ; c'est qu'en effet c'est la seule lettre d'amour que j'aie reçue. »

La marquise s'interrompit, se leva, alla ouvrir d'une main assurée un coffre de marqueterie, et en tira une lettre bien froissée, bien amincie, que je lus avec peine.

« Madame,

« Je suis moralement sûr que cette lettre
« ne vous inspirera que du mépris ; vous ne
« la trouverez même pas digne de votre co-
« lère ; mais qu'importe à l'homme qui
« tombe dans un abîme une pierre de plus
« ou de moins dans le fond ? Vous me con-
« sidérerez comme un fou, et vous ne vous
« tromperez pas. Eh bien ! vous me plain-
« drez peut-être en secret, car vous ne
« pourrez pas douter de ma sincérité. Quel-
« que humble que la piété vous ait faite,
« vous comprendrez peut-être l'étendue de

« mon désespoir ; vous devez savoir déjà ,
« madame, ce que vos yeux peuvent faire de
« mal et de bien.

« Eh bien ! dis-je , si j'obtiens de vous
« une seule pensée de compassion, si ce soir,
« à l'heure avidement appelée où chaque
« jour je recommence à vivre, j'aperçois sur
« vos traits une légère expression de pitié,
« je partirai moins malheureux ; j'empor-
« terai de France un souvenir qui me donnera
« peut-être la force de vivre ailleurs et
« d'y poursuivre mon ingrate et pénible
« carrière.

« Mais vous devez le savoir déjà, madame ;
« il est impossible que mon trouble, mon
« emportement, mes cris de colère et de
« désespoir ne m'aient pas trahi vingt fois
« sur la scène. Vous n'avez pas pu allumer
« tous ces feux sans avoir un peu la con-
« science de ce que vous faisiez. Ah ! vous
« avez peut-être joué comme le tigre avec
« sa proie ; vous vous êtes fait un amuse-

« ment peut-être de mes tourments et de
« mes folies.

« Oh! non : c'est trop de présomption.
« Non, madame, je ne le crois pas; vous
« n'y avez jamais songé. Vous êtes sen-
« sible aux vers du grand Corneille; vous
« vous identifiez avec les nobles passions
« de la tragédie, voilà tout. Et moi, in-
« sensé, j'ai osé croire que ma voix seule
« éveillait quelquefois vos sympathies, que
« mon cœur avait un écho dans le vôtre,
« qu'il y avait entre vous et moi quelque
« chose de plus qu'entre moi et le parterre.
« Oh! c'était une insigne mais bien douce
« folie! Laissez-la-moi, madame : que vous
« importe? Craindriez-vous que j'allasse
« m'en vanter? De quel droit pourrais-je le
« faire, et quel titre aurais-je pour être cru
« sur ma parole? Je ne ferais que me livrer
« à la risée des gens sensés. Laissez-la-moi,
« vous dis-je, cette conviction que j'accueille
« en tremblant et qui m'a donné plus de

« bonheur à elle seule que la sévérité du
« public envers moi ne m'a donné de cha-
« grin. Laissez-moi vous bénir, vous re-
« mercier à genoux de cette sensibilité que
« j'ai découverte dans votre âme et que
« nulle autre âme ne m'a accordée, de
« ces larmes que je vous ai vue verser sur
« mes malheurs de théâtre, et qui ont
« souvent porté mes inspirations jusqu'au
« délire, de ces regards timides qui, je
« l'ai cru du moins, cherchaient à me con-
« soler des froideurs de mon auditoire.

« Oh ! pourquoi êtes-vous née dans l'éclat
« et dans le faste ? Pourquoi ne suis-je qu'un
« pauvre artiste sans gloire et sans nom ?
« Que n'ai-je la faveur du public et la ri-
« chesse d'un financier à troquer contre
« un nom, contre un de ces titres que
« jusqu'ici j'ai dédaignés, et qui me per-
« mettraient peut-être d'aspirer à vous ?
« Autrefois je préférais la distinction du
« talent à toute autre ; je me demandais

« à quoi bon être chevalier ou marquis,
« si ce n'est pour être sot, fat et imper-
« tinent; je haïssais l'orgueil des grands,
« et je me croyais assez vengé de leurs
« dédains si je m'élevais au-dessus d'eux
« par mon génie.

« Chimères et déceptions ! mes forces
« ont trahi mon ambition insensée. Je suis
« resté obscur; j'ai fait pis, j'ai frisé le suc-
« cès et je l'ai laissé échapper. Je croyais
« me sentir grand, et on m'a jeté dans la
« poussière ; je m'imaginais toucher au
« sublime, on m'a condamné au ridicule.
« La destinée m'a pris avec mes rêves dé-
« mesurés et mon âme audacieuse, et elle
« m'a brisé comme un roseau ! je suis un
« homme bien malheureux !

« Mais la plus grande de mes folies, c'est
« d'avoir jeté mes regards au-delà de cette
« rampe de quinquets qui trace une ligne
« invincible entre moi et le reste de la
« société; c'est pour moi le cercle de Popi-

« lius ; j'ai voulu le franchir ! J'ai osé avoir
« des yeux, moi comédien, et les arrêter
« sur une belle femme ! sur une femme si
« jeune, si noble, si généreuse, si aimante
« et placée si haut ! Car vous êtes tout cela,
« madame, je le sais. Le monde vous ac-
« cuse de froideur et de dévotion outrée,
« moi seul je vous juge et je vous connais.
« Un seul de vos sourires, une seule de vos
« larmes, ont suffi pour démentir les fables
« stupides qu'un chevalier de Brétillac m'a
« débitées contre vous.

« Mais quelle destinée est donc aussi la
« vôtre? Quelle étrange fatalité pèse donc
« sur vous comme sur moi, pour qu'au sein
« d'un monde si brillant et qui se dit si
« éclairé, vous n'ayez trouvé, pour vous
« rendre justice, que le cœur d'un pauvre
« comédien? Eh bien ! rien ne m'ôtera
« cette pensée triste et consolante : c'est
« que si nous étions nés sur le même éche-
« lon de la société, vous n'auriez pas pu

« m'échapper, quels qu'eussent été mes ri-
« vaux, quelle que soit ma médiocrité. Il
« aurait fallu vous rendre à une vérité,
« c'est qu'il y a en moi quelque chose de
« plus grand que leurs fortunes et leurs ti-
« tres, la puissance de vous aimer.

« Lélio. »

Cette lettre, continua la marquise, étrange pour le temps où elle fut écrite, me sembla, malgré quelques souvenirs de déclamation racinienne qui percent dans le commencement, tellement forte et vraie, j'y trouvai un sentiment de passion si neuf et si hardi, que j'en fus bouleversée. Le reste de fierté qui combattait en moi s'évanouit. J'eusse donné tous mes jours pour une heure d'un pareil amour.

Je ne vous raconterai pas mes anxiétés, mes fantaisies, mes terreurs; moi-même je ne pourrais en retrouver le fil et la liaison.

Je répondis quelques mots que voici, autant que je me les rappelle :

« Je ne vous accuse pas, Lélio, j'accuse « la destinée. Je ne vous plains pas seul, je « me plains aussi. Pour aucune raison d'or-« gueil, de prudence ou de pruderie, je ne « voudrais vous retirer la consolation de « vous croire distingué de moi. Gardez-« la, parce que c'est la seule que j'aie à vous « offrir. Je ne puis jamais consentir à vous « voir. »

Le lendemain je reçus un billet que je lus à la hâte, et que j'eus à peine le temps de jeter au feu pour le dérober à Larrieux, qui me surprit occupée à le lire. Il était à peu près conçu en ces termes :

« Madame, il faut que je vous parle ou « que je meure. Une fois, une seule fois, « une heure seulement, si vous voulez. Que

« craignez-vous donc d'une entrevue, puis-
« que vous vous fiez à mon honneur et à
« ma discrétion? Madame, je sais qui vous
« êtes; je connais l'austérité de vos mœurs,
« je connais votre piété, je connais même
« vos sentiments pour le vicomte de Lar-
« rieux. Je n'ai pas la sottise d'espérer de
« vous autre chose qu'une parole de pitié;
« mais il faut qu'elle tombe de vos lèvres sur
« moi. Il faut que mon cœur la recueille et
« l'emporte, ou il faut que mon cœur se brise.

« Lélio. »

Je dirai pour ma gloire, car toute noble
et courageuse confiance est glorieuse dans
le danger, que je n'eus pas un instant la
crainte d'être raillée par un impudent libertin. Je crus religieusement à l'humble
sincérité de Lélio. D'ailleurs j'étais payée
pour avoir confiance en ma force; je résolus
de le voir. J'avais complétement oublié sa
figure flétrie, son mauvais ton, son air com-

mun ; je ne connaissais plus de lui que le prestige de son génie, son style et son amour. Je lui répondis :

« Je vous verrai ; trouvez un lieu sûr ;
« mais n'espérez de moi que ce que vous me
« demandez. J'ai foi en vous comme en
« Dieu. Si vous cherchiez à en abuser, vous
« seriez un misérable, et je ne vous crain-
« drais pas. »

Réponse. « Votre confiance vous sauve-
« rait du dernier des scélérats. Vous ver-
« rez, madame, que Lélio n'en est pas in-
« digne. Le duc de*** a eu la bonté de me
« proposer souvent sa maison de la rue de
« Valois ; qu'en aurais-je fait ? Il y a trois
« ans qu'il n'existe plus pour moi qu'une
« femme sous le ciel. Daignez être au ren-
« dez-vous au sortir de la comédie. »

Suivaient les indications des lieux.

Je reçus ce billet à quatre heures. Toute

cette négociation s'était passée dans l'espace d'un jour. J'avais employé cette journée à parcourir mes appartements comme une personne privée de raison ; j'avais la fièvre. Cette rapidité d'événements et de décisions, contraires à cinq ans de résolutions, m'emportait comme un rêve ; et quand j'eus pris le dernier parti, quand je vis que je m'étais engagée et qu'il n'était plus temps de reculer, je tombai accablée sur mon ottomane, ne respirant plus et voyant ma chambre tourner sous mes pieds.

Je fus sérieusement incommodée ; il fallut envoyer chercher un chirurgien qui me saigna. Je défendis à mes gens de dire un mot à qui que ce fût de mon indisposition ; je craignais les importunités des donneurs de conseils, et je ne voulais pas qu'on m'empêchât de sortir le soir. En attendant l'heure, je me jetai sur mon lit et je défendis ma porte même à M. de Larrieux.

La saignée m'avait physiquement soulagée en m'affaiblissant. Je tombai dans un grand accablement d'esprit; toutes mes illusions s'envolèrent avec l'excitation de la fièvre. Je retrouvai la raison et la mémoire; je me rappelai la terrible déception du café, la misérable allure de Lélio; je m'apprêtai à rougir de ma folie, à tomber du faîte de mes chimères dans une plate et ignoble réalité. Je ne pouvais plus comprendre comment je m'étais décidée à troquer cette héroïque et romanesque tendresse contre le dégoût qui m'attendait et la honte qui empoisonnerait tous mes souvenirs. J'eus alors un mortel regret de ce que j'avais fait; je pleurai mes enchantements, ma vie d'amour, et l'avenir de satisfaction pure et intime que j'allais renverser. Je pleurai surtout Lélio, qu'en le voyant j'allais perdre à jamais, que j'avais eu tant de bonheur à aimer pendant cinq ans, et que je ne pourrais plus aimer dans quelques heures.

Dans mon chagrin je me tordis les bras

avec force; ma saignée se rouvrit, le sang coula avec abondance; je n'eus que le temps de sonner ma femme de chambre qui me trouva évanouie dans mon lit. Un profond et lourd sommeil, contre lequel je luttai vainement, s'empara de moi. Je ne rêvai point, je ne souffris point, je fus comme morte pendant quelques heures. Quand j'ouvris les yeux, ma chambre était sombre, mon hôtel silencieux; ma suivante dormait sur une chaise au pied de mon lit. Je restai quelque temps dans un état d'engourdissement et de faiblesse qui ne me permettait pas un souvenir, pas une pensée. Tout d'un coup la mémoire me revient; je me demande si l'heure et le jour du rendez-vous sont passés, si j'ai dormi une heure ou un siècle, s'il fait jour ou nuit, si mon manque de parole n'a pas tué Lélio, s'il est temps encore! J'essaie de me lever, mes forces s'y refusent; je lutte quelques instants comme dans le cauchemar. Enfin je rassemble toute ma volonté, je l'appelle au secours de mes membres accablés. Je m'élance sur le parquet; j'entr'ouvre les rideaux; je vois briller la lune sur les arbres de mon jardin; je cours à la pendule, elle marque dix heures. Je saute sur ma femme de chambre, je la secoue, je l'éveille en sursaut : « Quinette, quel jour sommes-nous ? » Elle quitte sa chaise en criant et veut fuir, car elle me croit dans le délire; je la retiens, je la rassure; j'apprends que j'ai dormi trois heures seulement. Je remercie Dieu. Je demande un fiacre; Quinette me regarde avec stupeur. Enfin elle se convainc que j'ai toute ma tête; elle transmet mon ordre et s'apprête à m'habiller.

Je me fis donner le plus simple et le plus chaste de mes habits; je ne plaçai dans mes cheveux aucun ornement; je refusai de mettre du rouge. Je voulais avant tout inspirer à Lélio l'estime et le respect qui m'étaient plus précieux que son amour. Cependant j'eus un sentiment de plaisir lorsque

Quinette, étonnée de tout ce qui me passait par l'esprit, me dit, en me regardant de la tête aux pieds : « En vérité, madame, je ne sais pas comment vous faites ; vous n'avez qu'une simple robe blanche sans queue et sans panier ; vous êtes malade et pâle comme la mort ; vous n'avez pas seulement voulu mettre une mouche ; eh bien ! je veux mourir si je vous ai jamais vue aussi belle que ce soir. Je plains les hommes qui vous regarderont !

—Tu me crois donc bien sage, ma pauvre Quinette ?

—Hélas ! madame la marquise, je demande tous les jours au ciel de le devenir comme vous, mais jusqu'ici...

— Allons, ingénue, donne-moi mon mantelet et mon manchon. »

A minuit j'étais à la maison de la rue de Valois. J'étais soigneusement voilée. Une espèce de valet de chambre vint me recevoir ; c'était le seul hôte visible de cette mystérieuse demeure. Il me conduisit à travers les détours d'un sombre jardin jusqu'à un pavillon enseveli dans l'ombre et le silence. Après avoir déposé dans le vestibule sa lanterne de soie verte, il m'ouvrit la porte d'un appartement obscur et profond, me montra d'un geste respectueux et d'un air impassible le rayon de lumière qui arrivait du fond de l'enfilade, et me dit à voix basse, comme s'il eût craint d'éveiller les échos endormis : « Madame est seule, personne encore n'est arrivé. Madame trouvera dans le salon d'été une sonnette à laquelle je répondrai si elle a besoin de quelque chose. » Et il disparut comme par enchantement, en refermant la porte sur moi.

Il me prit une peur horrible; je craignis d'être tombée dans un guet-apens. Je le rappelai. Il parut aussitôt; son air solennellement bête me rassura. Je lui demandai quelle heure il était; je le savais fort bien :

j'avais fait sonner plus de dix fois ma montre dans la voiture. « Il est minuit, » répondit-il sans lever les yeux sur moi. Je vis que c'était un homme parfaitement instruit des devoirs de sa charge. Je me décidai à pénétrer jusqu'au salon d'été, et je me convainquis de l'injustice de mes craintes, en voyant toutes les portes qui donnaient sur le jardin fermées seulement par des portières de soie peinte à l'orientale. Rien n'était délicieux comme ce boudoir, qui n'était, à vrai dire, qu'un salon de musique, le plus honnête du monde. Les murs étaient de stuc blanc comme la neige, les cadres des glaces en argent mat; des instruments de musique, d'une richesse extraordinaire, étaient épars sur des meubles de velours blanc à glands de perles. Toute la lumière arrivait du haut, mais cachée par des feuilles d'albâtre, qui formaient comme un plafond à la rotonde. On aurait pu prendre cette clarté mate et douce pour celle de la lune. J'examinai avec curiosité, avec intérêt, cette retraite, à laquelle mes souvenirs ne pouvaient rien comparer. C'était, et ce fut la seule fois de ma vie que je mis le pied dans une petite maison; mais soit que ce ne fût pas la pièce destinée à servir de temple aux galants mystères qui s'y célébraient, soit que Lélio en eût fait disparaître tout objet qui eût pu blesser ma vue et me faire souffrir de ma situation, ce lieu ne justifiait aucune des répugnances que j'avais senties en y entrant. Une seule statue de marbre blanc en décorait le milieu; elle était antique, et représentait Isis voilée, avec un doigt sur ses lèvres. Les glaces qui nous reflétaient, elle et moi, pâles et vêtues de blanc, et chastement drapées toutes deux, me faisaient illusion au point qu'il me fallait remuer pour distinguer sa forme de la mienne.

Tout d'un coup ce silence morne, effrayant et délicieux à la fois, fut interrompu ; la porte du fond s'ouvrit et se referma ; des pas légers firent doucement craquer les parquets. Je tombai sur un fauteuil, plus morte que vive : j'allais voir Lélio de près, hors du théâtre. Je fermai les yeux, et je lui dis intérieurement adieu avant de les rouvrir.

Mais quelle fut ma surprise ! Lélio était beau comme les anges ; il n'avait pas pris le temps d'ôter son costume de théâtre : c'était le plus élégant que je lui eusse vu. Sa taille, mince et souple, était serrée dans un pourpoint espagnol de satin blanc. Ses nœuds d'épaule et de jarretière étaient en ruban rouge cerise ; un court manteau, de même couleur, était jeté sur son épaule. Il avait une énorme fraise de point d'Angleterre, les cheveux courts et sans poudre ; une toque, ombragée de plumes blanches, se balançait sur son front, où brillait une rosace de diamants. C'est dans ce costume qu'il venait de jouer le rôle de don Juan du

Festin de Pierre. Jamais je ne l'avais vu aussi beau, aussi jeune, aussi poétique, que dans ce moment. Vélasquez se fût prosterné devant un tel modèle.

Il se mit à mes genoux. Je ne pus m'empêcher de lui tendre la main. Il avait l'air si craintif et si soumis! Un homme épris au point d'être timide devant une femme, c'était si rare dans ce temps-là! et un homme de trente-cinq ans, un comédien!

N'importe : il me sembla, il me semble encore qu'il était dans toute la fraîcheur de l'adolescence. Sous ces blancs habits, il ressemblait à un jeune page; son front avait toute la pureté, son cœur agité toute l'ardeur d'un premier amour. Il prit mes mains et les couvrit de baisers dévorants. Alors je devins folle; j'attirai sa tête sur mes genoux; je caressai son front brûlant, ses cheveux rudes et noirs, son cou brun, qui se perdait dans la molle blancheur de sa collerette, et Lélio ne s'enhardit point. Tous

ses transports se concentrèrent dans son
cœur; il se mit à pleurer comme une femme.
Je fus inondée de ses sanglots.

Oh ! je vous avoue que j'y mêlai les miens
avec délices. Je le forçai de relever sa tête et
de me regarder. Qu'il était beau, grand
Dieu ! Que ses yeux avaient d'éclat et de tendresse ! Que son âme vraie et chaleureuse
prêtait de charmes aux défauts même de sa
figure et aux outrages des veilles et des années ! Oh ! la puissance de l'âme ! qui n'a
pas compris ses miracles n'a jamais aimé !
En voyant des rides prématurées à son beau
front, de la langueur à son sourire, de la
pâleur à ses lèvres, j'étais attendrie; j'avais
besoin de pleurer sur les chagrins, les dégoûts et les travaux de sa vie. Je m'identifiais à toutes ses peines, même à celles de
son long amour sans espoir pour moi, et je
n'avais plus qu'une volonté, celle de réparer le mal qu'il avait souffert.

« Mon cher Lélio, mon grand Rodrigue,

mon beau don Juan! » lui disais-je dans mon égarement. Ses regards me brûlaient. Il me parla, il me raconta toutes les phases, tous les progrès de son amour ; il me dit comment, d'un histrion aux mœurs relâchées, j'avais fait de lui un homme ardent et vivace, comme je l'avais élevé à ses propres yeux, comme je lui avais rendu le courage et les illusions de la jeunesse ; il me dit son respect, sa vénération pour moi, son mépris pour les sottes forfanteries de l'amour à la mode ; il me dit qu'il donnerait tous les jours qui lui restaient à vivre pour une heure passée dans mes bras, mais qu'il sacrifierait cette heure-là et tous les jours à la crainte de m'offenser. Jamais éloquence plus pénétrante n'entraîna le cœur d'une femme ; jamais le tendre Racine ne fit parler l'amour avec cette conviction, cette poésie et cette force. Tout ce que la passion peut inspirer de délicat et de grave, de suave et d'impétueux, ses paroles, sa voix, ses yeux, ses caresses et sa soumission, me l'apprirent. Hélas! s'abusait-il lui-même? jouait-il la comédie?

— Je ne le crois certainement pas! m'écriai-je en regardant la marquise. Elle semblait rajeunir en parlant et dépouiller ses cent ans, comme la fée Urgèle. Je ne sais qui a dit que le cœur d'une femme n'avait point de rides.

— Écoutez la fin, me dit-elle. Brûlée, égarée, perdue par tout ce qu'il me disait, je jetai mes deux bras autour de lui, je frissonnai en touchant le satin de son habit, en respirant le parfum de ses cheveux. Ma tête s'égara. Tout ce que j'ignorais, tout ce que je croyais être incapable de ressentir, se révéla à moi; mais ce fut trop violent, je m'évanouis.

Il me rappela à moi-même par de prompts secours. Je le trouvai à mes pieds, plus timide, plus ému que jamais. « Ayez pitié de moi, me dit-il; tuez-moi, chassez-moi..... »

Il était plus pâle et plus mourant que moi.

Mais toutes ces révolutions nerveuses que j'avais éprouvées dans le cours d'une si orageuse journée me faisaient rapidement passer d'une disposition à une autre. Ce rapide éclair d'une nouvelle existence avait pâli; mon sang était redevenu calme; les délicatesses du véritable amour reprirent le dessus.

« Écoutez, Lélio, lui dis-je, ce n'est point le mépris qui m'arrache à vos transports. Il se peut faire que j'aie toutes les susceptibilités qu'on nous inculque dès l'enfance, et qui deviennent pour nous comme une seconde nature; mais ce n'est pas ici que je pourrais m'en souvenir, puisque ma nature elle-même vient d'être transformée en une autre qui m'était inconnue. Si vous m'aimez, aidez-moi à vous résister. Laissez-moi emporter d'ici la satisfaction délicieuse de ne vous avoir aimé qu'avec le cœur. Peut-être, si je n'avais jamais appartenu à personne, me donnerais-je à vous avec joie; mais sachez que Larrieux m'a profanée ; sachez qu'entraînée par l'horrible nécessité de faire comme tout le monde j'ai subi les caresses d'un homme que je n'ai jamais aimé ; sachez que le dégoût que j'en ai ressenti a éteint chez moi l'imagination au point que je vous haïrais peut-être à présent si j'avais succombé tout à l'heure. Ah! ne faisons point ce terrible essai! restez pur dans mon cœur et dans ma mémoire. Séparons-nous pour jamais, et emportons d'ici tout un avenir de pensées riantes et de souvenirs adorés. Je jure, Lélio, que je vous aimerai jusqu'à la mort. Je sens que les glaces de l'âge n'éteindront pas cette flamme ardente. Je jure aussi de n'être jamais à un autre homme après vous avoir résisté. Cet effort ne me sera pas difficile, et vous pouvez me croire. »

Lélio se prosterna devant moi ; il ne m'implora point, il ne me fit point de reproches ; il me dit qu'il n'avait pas espéré tout le bonheur que je lui avais donné, et qu'il n'avait pas le droit d'en exiger davantage. Cependant, en recevant ses adieux, son abattement et l'émotion de sa voix m'effrayèrent. Je lui demandai s'il ne penserait pas à moi avec bonheur, si les extases de cette nuit ne répandraient pas leurs charmes sur tous ses jours, si ses peines passées et futures n'en seraient pas adoucies chaque fois qu'il l'invoquerait. Il se ranima pour jurer et promettre tout ce que je voulus. Il tomba de nouveau à mes pieds, et baisa ma robe avec emportement. Je sentis que je chancelais; je lui fis un signe, et il s'éloigna. La voiture que j'avais fait demander arriva. L'intendant automate de ce séjour clandestin frappa trois coups en dehors pour m'avertir. Lélio se jeta devant la porte avec désespoir; il avait l'air d'un spectre. J'allai donner mes lèvres à ses baisers, puis je le repoussai doucement, et il céda. Alors je franchis la porte, et comme il voulait me suivre, je lui montrai une chaise au milieu du salon, au-dessous de la statue d'Isis. Il s'y assit. Un sourire passionné erra sur ses lèvres, ses yeux firent jaillir un dernier éclair de reconnaissance et d'amour. Il était encore beau, encore jeune, encore Grand d'Espagne. Au bout de quelques pas, et au moment de le perdre pour jamais de vue, je me retournai et jetai sur lui un dernier regard. Il était redevenu vieux, décomposé, effrayant. Son corps semblait paralysé. Sa lèvre contractée essayait un sourire égaré. Son œil était vitreux et terne : ce n'était plus que Lélio, l'ombre d'un amant et d'un prince. »

La marquise fit une pause; puis, avec un sourire sombre et en se décomposant elle-même comme une ruine qui s'écroule, elle reprit : « Depuis ce moment je n'ai pas entendu parler de lui. »

La marquise fit une nouvelle pause plus longue que la première; puis, avec cette terrible force d'âme que donnent l'effet des longues années, l'amour obstiné de la vie ou l'espoir prochain de la mort, elle redevint gaie et me dit en souriant : « Eh bien ! croirez-vous désormais à la vertu du dix-huitième siècle ?

— Madame, lui répondis-je, je n'ai point envie d'en douter ; cependant, si j'étais moins attendri, je vous dirais peut-être que vous fûtes très bien avisée de vous faire saigner ce jour-là.

— Misérables hommes, dit la marquise, vous ne comprenez rien à l'histoire du cœur ! »

FIN DE LA MARQUISE.

LAVINIA.

AN OLD TALE.

LAVINIA.

BILLET.

Puisque vous allez vous marier, Lionel, ne serait-il pas convenable de nous rendre mutuellement nos lettres et nos portraits? Cela est facile, puisque le hasard nous rapproche, et qu'après dix ans écoulés sous des cieux différents nous voilà aujourd'hui à quelques lieues l'un de l'autre. Vous venez, m'a-t-on dit, quelquefois à Saint-Sauveur; moi, j'y passe huit jours seulement. J'espère donc que vous y serez dans le courant de la semaine avec le paquet que je réclame. J'occupe la maison Estabanette, au bas de la chute d'eau. Vous pourrez y envoyer la personne destinée à ce message; elle vous reportera un paquet semblable, que je tiens tout prêt pour vous être remis en échange. »

RÉPONSE.

« Madame,

« Le paquet que vous m'ordonnez de vous envoyer est ici cacheté, et portant votre suscription. Je dois être reconnaissant sans doute de voir que vous n'avez pas douté qu'il ne fût entre mes mains au jour et au lieu où il vous plairait de le réclamer.

« Mais il faut donc, madame, que j'aille

moi-même à Saint-Sauveur le porter, pour le confier ensuite aux mains d'une tierce personne qui vous le remettrait? Puisque vous ne jugez point à propos de m'accorder le bonheur de vous voir, n'est-il pas plus simple que je n'aille pas au lieu que vous habitez m'exposer à l'émotion d'être si près de vous? Ne vaut-il pas mieux que je confie le paquet à un messager dont je suis sûr, pour qu'il le porte de Bagnères à Saint-Sauveur? J'attends vos ordres à cet égard; quels qu'ils soient, madame, je m'y soumettrai aveuglément. »

BILLET.

« Je savais, Lionel, que mes lettres étaient par hasard entre vos mains dans ce moment, parce que Henry, mon cousin, m'a dit vous avoir vu à Bagnères et tenir de vous cette circonstance. Je suis bien aise que Henry, qui est un peu menteur, comme tous les bavards, ne m'ait pas trompée. Je vous ai prié d'apporter vous-même le paquet à Saint-Sauveur, parce que de tels messages ne doivent pas être légèrement exposés dans des montagnes infestées de contrebandiers qui pillent tout ce qui leur tombe sous la main. Comme je vous sais homme à défendre vaillamment un dépôt, je ne puis pas être plus tranquille qu'en vous rendant vous-même garant de celui qui m'intéresse. Je ne vous ai point offert d'entrevue, parce que j'ai craint de vous rendre encore plus désagréable la démarche déjà pénible que je vous imposais. Mais puisque vous semblez attacher à cette entrevue une idée de regret, je vous dois, et je vous accorde de tout mon cœur ce faible dédommagement. En ce cas, comme je ne veux pas vous faire sacrifier un temps précieux à m'attendre, je vais vous fixer le jour, afin que vous ne me trouviez point absente. Soyez donc à Saint-Sauveur le 15, à neuf heures du soir. Vous irez m'attendre chez moi, et vous me ferez avertir par ma négresse. Je rentrerai aussitôt. Le paquet sera prêt... Adieu. »

Sir Lionel fut désagréablement frappé de l'arrivée du second billet. Elle le surprit au milieu d'un projet de voyage à Luchon, pendant lequel la belle miss Ellis, sa prétendue, comptait bien sur son escorte. Le voyage devait être charmant. Aux eaux, les parties de plaisir réussissent presque toujours, parce qu'elles se succèdent si rapidement qu'on n'a pas le temps de les préparer ; parce que la vie marche brusque, vive et inattendue ; parce que l'arrivée continuelle de nouveaux compagnons donne un caractère d'improvisation aux plus menus détails d'une fête.

Sir Lionel s'amusait donc aux eaux des Pyrénées, autant qu'il est séant à un bon Anglais de s'amuser. Il était en outre passablement amoureux de la riche stature et de la confortable dot de miss Ellis; et sa désertion, au moment d'une *cavalcade* si importante (mademoiselle Ellis avait fait venir de Tarbes un fort beau navarrin gris pommelé, qu'elle se promettait de faire briller en tête de la caravane), pouvait devenir funeste à ses projets de mariage. Cependant la position de sir Lionel était embarrassante; il était homme d'honneur et des plus délicats. Il fut trouver son ami sir Henry, pour lui faire part de ce cas de conscience.

Mais, pour forcer le jovial Henry à lui accorder une attention sérieuse, il commença par le quereller.

« Étourdi et bavard que vous êtes! s'écria-t-il en entrant; c'était bien la peine d'aller dire à votre cousine que ses lettres étaient entre mes mains! Vous n'avez jamais été capable de retenir sur vos lèvres une parole dangereuse. Vous êtes un ruisseau qui répand à mesure qu'il reçoit; un de ces vases ouverts qui ornent les statues des naïades et des fleuves; le flot qui les traverse ne prend pas même le temps de s'y arrêter...

— Fort bien, Lionel! s'écria le jeune homme; j'aime à vous voir dans un accès de colère: cela vous rend poétique. Dans ces moments-là vous êtes vous-même un ruisseau, un fleuve de métaphores, un torrent d'éloquence, un réservoir d'allégories...

— Ah! il s'agit bien de rire, s'écria Lionel en colère; nous n'allons plus à Luchon!

— Nous n'y allons plus! Qui a dit cela?

— Nous n'y allons plus, vous et moi; c'est moi qui vous le dis.

— Parlez pour vous tant qu'il vous plaira; pour moi, je suis bien votre serviteur.

— Moi, je n'y vais pas, et, par conséquent, vous non plus. Henry, vous avez fait une faute, il faut que vous la répariez. Vous m'avez suscité une horrible contrariété;

votre conscience vous ordonne de m'aider à la supporter. Vous dînez avec moi à Saint-Sauveur.

— Que le diable m'emporte si je le fais ! s'écria Henry ; je suis amoureux fou depuis hier soir de la petite Bordelaise dont je me suis tant moqué hier matin. Je veux aller à Luchon, car elle y va : elle montera mon yorkshire, et elle fera crever de jalousie votre grande aquilaine Margaret Ellis.

— Écoutez, Henry, dit Lionel d'un air grave ; vous êtes mon ami ?

— Sans doute ; c'est connu. Il est inutile de nous attendrir sur l'amitié dans ce moment-ci. Je prévois que ce début solennel tend à m'imposer...

— Écoutez-moi, vous dis-je, Henry ; vous êtes mon ami ; vous vous applaudissez des événements heureux de ma vie, et vous ne vous pardonneriez pas légèrement, je suppose, de m'avoir causé un préjudice, un malheur véritable ?

— Non, sur mon honneur! Mais de quoi est-il question?

— Eh bien! Henry, vous faites manquer peut-être mon mariage.

— Allons donc! quelle folie! parce que j'ai dit à ma cousine que vous aviez ses lettres et qu'elle vous les réclame? Quelle influence lady Lavinia peut-elle exercer sur votre vie après dix ans d'oubli réciproque? Avez-vous la fatuité de croire qu'elle ne soit pas consolée de votre infidélité? Allons donc, Lionel! c'est par trop de remords! le mal n'est pas si grand! il n'a pas été sans remède, croyez-moi bien... »

En parlant ainsi, Henry portait nonchalamment la main à sa cravate et jetait un coup d'œil au miroir; deux actes qui, dans le langage consacré de la pantomime, sont faciles à interpréter.

Cette leçon de modestie, dans la bouche d'un homme plus fat que lui, irrita sir

« Je ne me permettrai aucune réflexion sur le compte de lady Lavinia, répondit-il en tâchant de concentrer son amertume. Jamais un sentiment de vanité blessée ne me fera essayer de noircir la réputation d'une femme, n'eussé-je jamais eu d'amour pour elle.

— C'est absolument le cas où je suis, reprit étourdiment sir Henry; je ne l'ai jamais aimée, et je n'ai jamais été jaloux de ceux qu'elle a pu mieux traiter que moi; je n'ai d'ailleurs rien à dire de la vertu de ma glorieuse cousine Lavinia; je n'ai jamais essayé sérieusement de l'ébranler...

— Vous lui avez fait cette grâce, Henry? Elle doit vous en être bien reconnaissante!

— Ah çà, Lionel! de quoi parlons-nous, et qu'êtes-vous venu me dire? Vous sembliez hier fort peu religieux envers le souvenir de vos premières amours; vous étiez absolument prosterné devant la radieuse Ellis. Aujourd'hui, où en êtes-vous, s'il vous plaît? Vous semblez n'entendre pas raison sur le chapitre du passé, et puis vous parlez d'aller à Saint-Sauveur au lieu d'aller à Luchon! Voyons! qui aimez-vous ici? qui épousez-vous?

— J'épouse miss Margaret, s'il plaît à Dieu et à vous.

— A moi?

— Oui, vous pouvez me sauver. D'abord, lisez le nouveau billet que m'écrit votre cousine. Est-ce fait? Fort bien. A présent, vous voyez, il faut que je me décide entre Luchon et Saint-Sauveur, entre une femme à conquérir et une femme à consoler.

— Halte-là, impertinent! s'écria Henry; je vous ai dit cent fois que ma cousine était fraîche comme les fleurs, belle comme les anges, vive comme un oiseau, gaie, vermeille, élégante, coquette: si cette femme-là est désolée, je veux bien consentir à gémir toute ma vie sous le poids d'une semblable douleur.

— N'espérez pas me piquer, Henry; je suis heureux d'entendre ce que vous me dites. Mais, en ce cas, pourrez-vous m'expliquer l'étrange fantaisie qui porte lady Lavinia à m'imposer un rendez-vous?

— O stupide compagnon! s'écria Henry; ne voyez-vous pas que c'est votre faute? Lavinia ne désirait pas le moins du monde cette entrevue : j'en suis bien sûr, moi; car lorsque je lui parlai de vous, lorsque je lui demandai si le cœur ne lui battait pas quelquefois, sur le chemin de Saint-Sauveur à Bagnères, à l'approche d'un groupe de cavaliers au nombre desquels vous pouviez être, elle me répondit d'un air nonchalant : « Vraiment! peut-être que mon cœur battrait si je venais à le rencontrer. » Et le dernier mot de sa phrase fut délicieusement modulé par un bâillement. Oui, ne mordez pas votre lèvre, Lionel, un de ces jolis bâillements de femme tout petits, tout frais; si harmonieux qu'ils semblent polis et caressants, si longs et si traînants qu'ils expriment la plus profonde apathie et la plus cordiale indifférence. Mais vous, au lieu de profiter de cette bonne disposition, vous ne pouvez pas résister à l'envie de faire des phrases. Fidèle à l'éternel pathos des amants disgraciés, quoique enchanté de l'être, vous affectez le ton élégiaque, le genre lamentable; vous semblez pleurer l'impossibilité de la voir, au lieu de lui dire naïvement que vous en étiez le plus reconnaissant du monde...

— De telles impertinences ne peuvent se commettre. Comment aurais-je prévu qu'elle allait prendre au sérieux quelques paroles oiseuses arrachées par la convenance de la situation?

— Oh! je connais Lavinia; c'est une malice de sa façon!

— Éternelle malice de femme! Mais, non; Lavinia était la plus douce et la moins railleuse de toutes; je suis sûr qu'elle n'a pas plus envie que moi de cette entrevue. Tenez, mon cher Henry, sauvez-nous tous deux de ce supplice; prenez le paquet, allez à Saint-Sauveur; chargez-vous de tout arranger; faites-lui comprendre que je ne dois pas...

— Quitter miss Ellis à la veille de votre mariage, n'est-ce pas? Voilà une belle raison à donner à une rivale! Impossible, mon cher; vous avez fait la folie, il faut la boire. Quand on a la sottise de garder dix ans le portrait et les lettres d'une femme, quand on a l'étourderie de s'en vanter à un bavard comme moi, quand on a la rage de faire de l'esprit et du sentiment à froid dans une lettre de rupture, il faut en subir toutes les conséquences. Vous n'avez rien à refuser à lady Lavinia tant que ses lettres seront entre vos mains; et, quel que soit le mode de communication qu'elle vous impose, vous lui êtes soumis tant que vous n'aurez point accompli cette solennelle démarche.

Allons, Lionel, faites seller votre poney, et partons; car je vous accompagne. J'ai quelques torts dans tout ceci, et vous voyez que je ne ris plus quand il s'agit de les réparer. Partons ! »

Lionel avait espéré que Henry trouverait un autre moyen de le tirer d'embarras. Il restait consterné, immobile, enchaîné à sa place par un sentiment secret de résistance involontaire aux arrêts de la nécessité. Cependant il finit par se lever, triste, résigné, et les bras croisés sur sa poitrine. Sir Lionel était, en fait d'amour, un héros accompli. Si son cœur avait été parjure à plus d'une passion, jamais sa conduite extérieure ne s'était écartée du code des *procédés;* jamais aucune femme n'avait eu à lui reprocher une démarche contraire à cette condescendance délicate et généreuse qui est le meilleur signe d'abandon que puisse donner un homme bien élevé à une femme irritée. C'est avec la conscience d'une exacte fidélité à ces règles que le beau sir Lionel se pardonnait les douleurs attachées à ses triomphes.

« Voici un moyen, s'écria enfin Henry en se levant à son tour. C'est la coterie de nos belles compatriotes qui décide tout ici. Miss Ellis et sa sœur Anna sont les pouvoirs les plus éminents du conseil d'amazones. Il faut obtenir de Margaret que ce voyage, fixé à demain, soit retardé d'un jour. Un jour ici, c'est beaucoup, je le sais; mais enfin il faut l'obtenir, prétexter un empêchement sérieux, et partir dès cette nuit pour Saint-Sauveur. Nous y arriverons dans l'après-midi; nous nous reposerons jusqu'au soir; à neuf heures, pendant le rendez-vous, je ferai seller nos chevaux, et à dix heures (j'imagine qu'il ne faut pas plus d'une heure pour échanger deux paquets de lettres), nous remontons à cheval, nous courons toute la nuit, nous arrivons ici avec le soleil levant, nous trouvons la belle Margaret piaffant sur sa noble monture, ma jolie petite madame Bernos caracolant sur mon yorkshire; nous changeons de bottes et de chevaux; et, couverts de poussière, exténués de fatigue, dévorés d'amour, pâles, intéressants, nous suivons nos Dulcinées par monts et par vaux. Si l'on ne récompense pas tant de zèle, il faut pendre toutes les femmes pour l'exemple. Allons! es-tu prêt?»

Pénétré de reconnaissance, Lionel se jeta dans les bras de Henry. Au bout d'une heure celui-ci revint. « Partons! lui dit-il; tout est arrangé; on retarde le départ pour Luchon jusqu'au 16; mais ce n'a pas été sans peine. Miss Ellis avait des soupçons. Elle sait que ma cousine est à Saint-Sauveur, et elle a une aversion effroyable pour ma cousine, car elle connaît les folies que tu as faites jadis pour elle. Mais moi, j'ai habilement détourné les soupçons; j'ai dit que tu étais horriblement malade, et que je venais de te forcer à te mettre au lit...

— Allons, juste ciel! une nouvelle folie pour me perdre!

— Non, non! du tout. Dick va mettre un bonnet de nuit à ton traversin; il va le coucher en long dans ton lit, et commander trois pintes de tisane à la servante de la maison. Surtout, il va prendre la clef de cette chambre dans sa poche, et s'installer devant la porte, avec une figure allongée et des yeux hagards; et puis il lui est enjoint de ne laisser entrer personne, et d'assommer quiconque essaierait de forcer la consigne, fût-ce miss Margaret elle-même. Heim! le voici déjà qui bassine ton lit. Fort bien! il a une excellente figure; il veut se donner l'air triste, il a l'air imbécile. Sortons par la porte qui donne dans le ravin. Jack mènera nos chevaux au bout du vallon, comme s'il allait les promener, et nous le rejoindrons au pont de Lonnio. Allons! en route, et que le dieu d'amour nous protége! »

Ils parcoururent rapidement la distance qui sépare les deux chaînes de montagnes et ne ralentirent leur course que dans la gorge étroite et sombre qui s'étend de Pierrefitte à Luz. C'est sans contredit une des parties les plus austères et les plus caractérisées des Pyrénées. Tout y prend un aspect formidable. Les monts se resserrent; le Gave s'encaisse et gronde sourdement en passant sous les arcades de rochers et de vigne sauvage; les flancs noirs du rocher se couvrent de plantes grimpantes dont le vert vigoureux passe à des teintes bleues sur les plans éloignés, et à des tons grisâtres vers les sommets. L'eau du torrent en reçoit des reflets tantôt d'un vert limpide, tantôt d'un bleu mat et ardoisé, comme on en voit sur les eaux de la mer.

De grands ponts de marbre d'une seule arche s'élancent d'un flanc à l'autre de la montagne, au-dessus des précipices. Rien n'est si imposant que la structure et la situation de ces ponts jetés dans l'espace, et nageant dans l'air blanc et humide qui semble tomber à regret dans le ravin. La route passe d'un flanc à l'autre de la gorge sept fois dans l'espace de quatre lieues. Lorsque nos deux voyageurs franchirent le septième pont, ils aperçurent au fond de la gorge, qui insensiblement s'élargissait devant eux, la délicieuse vallée de Luz, inondée des feux du soleil levant. La hauteur des montagnes qui bordent la route ne permettait pas encore au rayon matinal d'arriver jusqu'à eux. Le merle d'eau faisait entendre son petit cri plaintif dans les herbes du torrent. L'eau écumante et froide soulevait avec effort les voiles de brouillard étendus sur elle. A peine, vers les hauteurs, quelques lignes de lumière doraient les anfractuosités des rochers et la chevelure pendante des clématites. Mais au fond de ce sévère paysage, derrière ces grandes masses noires, âpres et revêches comme les sites aimés de Salvator, la belle vallée, baignée d'une rosée étincelante, nageait dans la lumière et formait une nappe d'or dans un cadre de marbre noir.

« Que cela est beau! s'écria Henry, et que je vous plains d'être amoureux, Lionel! Vous êtes insensible à toutes ces choses sublimes; vous pensez que le plus beau rayon du soleil ne vaut pas un sourire de miss Margaret Ellis.

— Avouez, Henry, que Margaret est la plus belle personne des trois royaumes.

— Oui, la théorie à la main, c'est une beauté sans défaut. Eh bien! c'est celui que je lui reproche, moi. Je la voudrais moins parfaite, moins majestueuse, moins classique. J'aimerais cent fois mieux ma cousine, si Dieu me donnait à choisir entre elles deux.

— Allons donc, Henry! vous n'y songez pas, dit Lionel en souriant; l'orgueil de la famille vous aveugle. De l'aveu de tout ce qui a deux yeux dans la tête, lady Lavinia est d'une beauté plus que problématique; et moi, qui l'ai connue dans toute la fraîcheur de ses belles années, je puis vous assurer qu'il n'y a jamais eu de parallèle possible...

— D'accord; mais que de grâce et de gentillesse chez Lavinia! des yeux si vifs, une chevelure si belle, des pieds si petits!»

Lionel s'amusa pendant quelque temps à combattre l'admiration de Henry pour sa cousine. Mais tout en mettant du plaisir à vanter la beauté qu'il aimait, un secret sentiment d'amour-propre lui faisait trouver du plaisir encore à entendre réhabiliter celle qu'il avait aimée. Ce fut, au reste, un moment de vanité, rien de plus; car jamais la pauvre Lavinia n'avait régné bien réellement sur ce cœur que les succès avaient gâté de bonne heure. C'est peut-être un grand malheur pour un homme que de se trouver jeté trop tôt dans une position brillante. L'aveugle prédilection des femmes, la sotte jalousie des vulgaires rivaux, c'en est assez pour fausser un jugement novice et corrompre un esprit sans expérience.

Lionel, pour avoir trop connu le bonheur d'être aimé, avait épuisé en détail la force de son âme; pour avoir essayé trop tôt des passions, il s'était rendu incapable de ressentir jamais une passion profonde. Sous des traits mâles et beaux, sous l'expression d'une physionomie jeune et forte, il cachait un cœur froid et usé comme celui d'un vieillard.

« Voyons, Lionel, dites-moi pourquoi vous n'avez pas épousé Lavinia Buenafè, aujourd'hui lady Blake, par votre faute? car enfin, sans être rigoriste, quoique je sois assez disposé à respecter, parmi les priviléges de notre sexe, le sublime droit du bon plaisir, je ne saurais, quand j'y songe, approuver beaucoup votre conduite. Après lui avoir fait la cour deux ans, après l'avoir compromise autant qu'il est possible de compromettre une jeune miss (ce qui n'est pas chose absolument facile dans la bienheureuse Albion), après lui avoir fait rejeter les plus beaux partis, vous la laissez là, pour courir après une cantatrice italienne, qui certes ne méritait pas d'inspirer un pareil forfait. Voyons! Lavinia n'était-elle pas spirituelle et jolie? n'était-elle pas la fille d'un banquier portugais, juif à la vérité, mais riche? n'était-ce pas un bon parti? ne vous aimait-elle pas jusqu'à la folie?

— Eh! mon ami, voici ce dont je me plains : elle m'aimait beaucoup trop pour qu'il me fût possible d'en faire ma femme. De l'avis de tout homme de bon sens, une femme légitime doit être une compagne douce et paisible, Anglaise jusqu'au fond de l'âme, peu susceptible d'amour, incapable de jalousie, aimant le sommeil, et faisant un assez copieux abus de thé noir pour entretenir ses facultés dans une assiette conjugale. Avec cette Portugaise au cœur ardent, à l'humeur active, habituée de bonne heure aux déplacements, aux mœurs libres, aux idées libérales, à toutes les pensées dangereuses qu'une femme ramasse en courant le monde, j'aurais été le plus malheureux des maris, sinon le plus ridicule. Pendant quinze mois je m'abusai sur le malheur inévitable que cet amour me préparait. J'étais si jeune alors! j'avais vingt-deux ans; souvenez-vous de cela, Henry, et ne me condamnez pas. Enfin, j'ouvris les yeux au moment où j'allais commettre l'insigne folie d'épouser une femme amoureuse folle de moi... Je m'arrêtai au bord du précipice, et je pris la fuite pour ne pas succomber à ma faiblesse.

— Hypocrite! dit Henry. Lavinia m'a raconté bien autrement cette histoire : il paraît que, longtemps avant la cruelle détermination qui vous fit partir pour l'Italie avec la Rosmonda, vous étiez déjà dégoûté de la pauvre Juive, et vous lui faisiez cruellement sentir l'ennui qui vous gagnait auprès d'elle. Oh! quand Lavinia raconte cela, je vous assure qu'elle n'y met point de fatuité; elle avoue son malheur et vos cruautés avec une modestie ingénue que je n'ai jamais vu pratiquer aux autres femmes. Elle a une façon à elle de dire : « Enfin, je l'ennuyais. » Tenez, Lionel, si vous lui aviez entendu prononcer ces mots, avec l'expression de naïve tristesse qu'elle sait y mettre, vous auriez des remords, je le parierais.

— Eh! n'en ai-je pas eu! s'écria Lionel. Voilà ce qui nous dégoûte encore d'une femme! c'est tout ce que nous souffrons pour elle après l'avoir quittée; ce sont ces mille vexations dont son souvenir nous poursuit; c'est la voix du monde bourgeois qui crie vengeance et anathème; c'est la conscience qui se trouble et s'effraie; ce sont de légers reproches bien doux et bien cruels que la pauvre délaissée nous adresse par les cent voix de la renommée. Tenez, Henry, je ne connais rien de plus ennuyeux et de plus triste que le métier d'homme à bonnes fortunes.

— A qui le dites-vous ? » répondit Henry d'un ton vaillant, en faisant ce geste de fatuité ironique qui lui allait si bien. Mais son compagnon ne daigna pas sourire, et il continua à marcher lentement, en laissant flotter les rênes sur le cou de son cheval, et en promenant son regard fatigué sur les délicieux tableaux que la vallée déroulait à ses pieds.

Luz est une petite ville située à environ un mille de Saint-Sauveur. Nos dandies s'y arrêtèrent; rien ne put déterminer Lionel à pousser jusqu'au lieu qu'habitait lady Lavinia : il s'installa dans une auberge, et se jeta sur son lit, en attendant l'heure fixée pour le rendez-vous.

Quoique le climat soit infiniment moins chaud dans cette vallée que dans celle de Bigorre, la journée fut lourde et brûlante. Sir Lionel, étendu sur un mauvais lit d'auberge, ressentit quelques mouvements fébriles, et s'endormit péniblement au bourdonnement des insectes qui tournoyaient sur sa tête dans l'air embrasé. Son compagnon, plus actif et plus insouciant, traversa la vallée, rendit des visites à tout le voisinage, guetta le passage des cavalcades sur la route de Gavarni, salua les belles ladies qu'il aperçut à leurs fenêtres ou sur les chemins, jeta de brûlantes œillades aux jeunes Françaises, pour lesquelles il avait une préférence décidée, et vint enfin rejoindre Lionel à l'entrée de la nuit.

« Allons ! debout, debout ! s'écria-t-il en pénétrant sous ses rideaux de serge ; voici l'heure du rendez-vous.

— Déjà ! dit Lionel, qui, grâce à la fraîcheur du soir, commençait à dormir d'un sommeil paisible; quelle heure est-il donc, Henry? »

Henry répondit d'un ton emphatique :

At the close of the day when the Hamlet is still
And nought but the torrent is heard upon the hill....

— Ah! pour Dieu, faites-moi grâce de vos citations, Henry! Je vois bien que la nuit descend, que le silence gagne, que la voix du torrent nous arrive plus sonore et plus pure; mais lady Lavinia ne m'attend qu'à neuf heures; je puis peut-être dormir encore un peu.

— Non, pas une minute de plus, Lionel. Il faut nous rendre à pied à Saint-Sauveur; car j'y ai fait conduire nos chevaux dès ce matin, et les pauvres animaux sont assez fatigués, sans compter ce qui leur reste à faire. Allons, habillez-vous. C'est bien. A dix heures je serai à cheval, à la porte de lady Lavinia, tenant en main votre palefroi et prêt à vous offrir la bride, ni plus ni moins que notre grand William à la porte des théâtres, lorsqu'il était réduit à l'office de jockei, le grand homme! Allons, Lionel, voici votre porte-manteau, une cravate blanche, de la cire à moustache. Patience donc! Oh! quelle négligence! quelle apathie! Y songez-vous, mon cher? se présenter avec une mauvaise toilette devant une femme que l'on n'aime plus, c'est une faute énorme! Sachez donc bien qu'il faut, au contraire, lui apparaître avec tous vos avantages, afin de lui faire sentir le prix de ce qu'elle perd. Allons, allons! relevez-moi votre chevelure encore mieux que s'il s'agissait d'ouvrir le bal avec miss Margaret. Bien! Laissez-moi donner un dernier coup de brosse à votre habit. Eh quoi! auriez-vous oublié un flacon d'essence de tubéreuse pour inonder votre foulard des Indes? Ce serait impardonnable; non, Dieu soit loué! le voici. Allons, Lionel, vous embaumez, vous resplendissez; partez. Songez qu'il y va de votre honneur de faire verser quelques larmes, en apparaissant ce soir pour la dernière fois sur l'horizon de lady Lavinia. »

Lorsqu'ils traversèrent la bourgade Saint-Sauveur, qui se compose de cinquante maisons au plus, ils s'étonnèrent de ne voir aucune personne élégante dans la rue ni aux fenêtres. Mais ils s'expliquèrent cette singularité en passant devant les fenêtres d'un rez-de-chaussée d'où partaient les sons faux d'un violon, d'un flageolet et d'un tympanon, instrument indigène qui tient du tambourin français et de la guitare espagnole. Le bruit et la poussière apprirent à nos voyageurs que le bal était commencé, et que tout ce qu'il y a de plus élégant parmi l'aristocratie de France, d'Espagne et d'Angleterre, réuni dans une salle modeste, aux murailles blanches décorées de guirlandes de buis et de serpolet, dansait au bruit du plus détestable charivari qui ait jamais déchiré des oreilles et marqué la mesure à faux.

Plusieurs groupes de *baigneurs*, de ceux qu'une condition moins brillante ou une santé plus réellement détruite privaient du plaisir de prendre une part active à la soirée, se pressaient devant ces fenêtres, pour jeter, par-dessus l'épaule les uns des autres, un coup d'œil de curiosité envieuse ou ironique sur le bal, et pour échanger quelque remarque laudative ou maligne, en attendant que l'horloge du village eût sonné l'heure où tout convalescent doit aller se coucher, sous peine de perdre tout le *benefit* des eaux minérales.

Au moment où nos deux voyageurs passèrent devant ce groupe, il y eut dans cette petite foule un mouvement oscillatoire vers l'embrasure des fenêtres; et Henry, en essayant de se mêler aux curieux, recueillit ces paroles :

« C'est la belle juive Lavinia Blake qui va danser. On dit que c'est la femme de toute l'Europe qui danse le mieux.

— Ah ! venez, Lionel ! s'écria le jeune baronnet ; venez voir comme ma cousine est bien mise et charmante ! »

Mais Lionel le tira par le bras ; et, rempli d'humeur et d'impatience, il l'arracha de la fenêtre sans daigner jeter un regard de ce côté.

« Allons, allons ! lui dit-il, nous ne sommes pas venus ici pour voir danser. »

Cependant il ne put s'éloigner assez vite pour qu'un autre propos, jeté au hasard autour de lui, ne vînt pas frapper son oreille.

« Ah ! disait-on, c'est le beau comte de Morangy qui la fait danser.

— Faites-moi le plaisir de me dire quel autre ce pourrait être ? répondit une autre voix.

— On dit qu'il en perd la tête, reprit un troisième interlocuteur. Il a déjà crevé pour elle trois chevaux, et je ne sais combien de jockeis. »

L'amour-propre est un si étrange conseiller qu'il nous arrive cent fois par jour d'être, grâce à lui, en pleine contradiction avec nous-mêmes. Par le fait, sir Lionel était charmé de savoir lady Lavinia placée par de nouvelles affections dans une situation qui assurait leur indépendance mutuelle. Et pourtant la publicité des triomphes qui pouvaient faire oublier le passé à cette femme délaissée fut pour Lionel une espèce d'affront qu'il dévora avec peine.

Henry, qui connaissait les lieux, le conduisit au bout du village, à la maison qu'habitait sa cousine. Là il le laissa.

Cette maison était un peu isolée des autres; elle s'adossait d'un côté à la montagne, et de l'autre elle dominait le ravin. A trois pas, un torrent tombait à grand bruit dans la cannelure du rocher; et la maison, inondée pour ainsi dire de ce bruit frais et sauvage, semblait ébranlée par la chute d'eau et prête à s'élancer avec elle dans l'abîme. C'était une des situations les plus pittoresques que l'on pût choisir, et Lionel reconnut dans cette circonstance l'esprit romanesque et un peu bizarre de lady Lavinia.

Une vieille négresse vint ouvrir la porte d'un petit salon au rez-de-chaussée. A peine la lumière vint à frapper son visage luisant et calleux que Lionel laissa échapper une exclamation de surprise. C'était Pepa, la vieille nourrice de Lavinia, celle que pendant deux ans Lionel avait vue auprès de sa bien-aimée. Comme il n'était en garde contre aucune espèce d'émotion, la vue inattendue de cette vieille, en réveillant en lui la mémoire du passé, bouleversa un instant toutes ses idées. Il faillit lui sauter au cou, l'appeler *nourrice*, comme au temps de sa jeunesse et de sa gaîté, l'embrasser comme une digne servante, comme une vieille amie; mais Pepa recula de trois pas en contemplant d'un air stupéfait l'air empressé de sir Lionel. Elle ne le reconnaissait pas.

« Hélas ! je suis donc bien changé ! pensa-t-il.

Je suis, dit-il avec une voix troublée, la personne que lady Lavinia a fait demander. Ne vous a-t-elle pas prévenue ?...

— Oui, oui, milord, répondit la négresse ; milady est au bal : elle m'a dit de lui porter son éventail aussitôt qu'un gentleman frapperait à cette porte. Restez ici ; je cours l'avertir... »

La vieille se mit à chercher l'éventail. Il était sur le coin d'une tablette de marbre, sous la main de sir Lionel. Il le prit pour le remettre à la négresse, et ses doigts en conservèrent le parfum après qu'elle fut sortie.

Ce parfum opéra sur lui comme un charme ; ses organes nerveux en reçurent une commotion qui pénétra jusqu'à son cœur, et le fit tressaillir. C'était le parfum que Lavinia préférait : c'était une espèce d'herbe aromatique qui croît dans l'Inde, et dont elle avait coutume jadis d'imprégner ses vêtements et ses meubles. Ce parfum de Patchouly, c'était tout un monde de souvenirs, toute une vie d'amour; c'était une émanation de la première femme que Lionel avait aimée. Sa vue se troubla, ses artères battirent violemment; il lui sembla qu'un nuage flottait devant lui, et dans ce nuage une fille de seize ans, brune, mince, vive et douce à la fois : la juive Lavinia, son premier amour. Il la voyait passer rapide comme un daim, effleurant les bruyères, foulant les plaines giboyeuses de son parc, lançant sa haquenée noire à travers les marais; rieuse, ardente et fantasque comme Diana Vernon, ou comme les fées joyeuses de la verte Irlande.

Bientôt il eut honte de sa faiblesse, en songeant à l'ennui qui avait flétri cet amour et tous les autres. Il jeta un regard tristement philosophique sur les dix années de raison positive qui le séparaient de ces jours d'églogue et de poésie ; puis il invoqua l'avenir, la gloire parlementaire et l'éclat de la vie politique sous la forme de miss Margaret Ellis, qu'il invoqua elle-même sous la forme de sa dot ; et enfin il se mit à parcourir la pièce où il se trouvait, en jetant autour de lui le sceptique regard d'un amant désabusé et d'un homme de trente ans aux prises avec la vie sociale.

On est simplement logé aux eaux des Pyrénées ; mais, grâce aux avalanches et aux torrents qui chaque hiver dévastent les habitations, à chaque printemps on voit renouveler ou rajeunir les ornements et le mobilier. La maisonnette que Lavinia avait louée était bâtie en marbre brut et toute lambrissée en bois résineux à l'intérieur. Ce bois, peint en blanc, avait l'éclat et la fraîcheur du stuc. Une natte de joncs, tissue en Espagne et nuancée de plusieurs couleurs, servait de tapis. Des rideaux de basin bien blancs recevaient l'ombre mouvante des sapins qui secouaient leurs chevelures noires au vent de la nuit, sous l'humide regard de la lune. De petits seaux de bois d'olivier verni étaient remplis des plus belles fleurs de la montagne. Lavinia avait cueilli elle-même, dans les plus désertes vallées et sur les plus hautes cimes, ces belladones au sein vermeil, ces aconits au cimier d'azur, au calice vénéneux; ces sylènes blanc et rose, dont les pétales sont si délicatement découpées; ces pâles saponaires; ces clochettes transparentes et plissées comme de la mousseline; ces valérianes de pourpre; toutes ces sauvages filles de la solitude, si embaumées et si fraîches que le chamois craint de les flétrir en les effleurant dans sa course, et que l'eau des sources inconnues au chasseur les couche à peine sous son flux nonchalant et silencieux.

Cette chambrette blanche et parfumée

avait, en vérité et comme à son insu, un air de rendez-vous ; mais elle semblait aussi le sanctuaire d'un amour virginal et pur. Les bougies jetaient une clarté timide; les fleurs semblaient fermer modestement leur sein à la lumière; aucun vêtement de femme, aucun vestige de coquetterie ne s'était oublié à traîner sur les meubles : seulement un bouquet de pensées flétries et un gant blanc décousu gisaient côte à côte sur la cheminée. Lionel, poussé par un mouvement irrésistible, prit le gant et le froissa dans ses mains. C'était comme l'étreinte convulsive et froide d'un dernier adieu. Il prit le bouquet sans parfum, le contempla un instant, fit une allusion amère aux fleurs qui le composaient, et le rejeta brusquement loin de lui. Lavinia avait-elle posé là ce bouquet avec le dessein qu'il fût commenté par son ancien amant?

Lionel s'approcha de la fenêtre et écarta les rideaux, pour faire diversion, par le spectacle de la nature, à l'humeur qui le gagnait de plus en plus. Ce spectacle était magique. La maison, plantée dans le roc, servait de bastion à une gigantesque muraille de rochers taillés à pic, dont le Gave battait le pied. A droite tombait la cataracte avec un bruit furieux; à gauche un massif d'épicéas se penchait sur l'abîme; au loin se déployait la vallée incertaine et blanchie par la lune. Un grand laurier sauvage, qui croissait dans une crevasse du rocher, apportait ses longues feuilles luisantes au bord de la fenêtre, et la brise, en les froissant l'une contre l'autre, semblait prononcer de mystérieuses paroles.

Lavinia entra tandis que Lionel était plongé dans cette contemplation; le bruit du torrent et de la brise empêcha qu'il ne l'entendît. Elle resta plusieurs minutes debout derrière lui, occupée sans doute à se recueillir, et se demandant peut-être si c'était là l'homme qu'elle avait tant aimé; car, à cette heure d'émotion obligée et de situation prévue, Lavinia croyait pourtant faire un rêve. Elle se rappelait le temps où il lui aurait semblé impossible de revoir sir Lionel sans tomber morte de colère et de douleur. Et maintenant elle était là, douce, calme, indifférente peut-être...

Lionel se retourna machinalement et la vit. Il ne s'y attendait pas; un cri lui échappa. Puis, honteux d'une telle inconvenance, confondu de ce qu'il éprouvait, il fit un violent effort pour adresser à lady Lavinia un salut correct et irréprochable.

Mais, malgré lui, un trouble imprévu, une agitation invincible paralysaient son esprit ingénieux et frivole; cet esprit si docile, si complaisant, qui se tenait toujours prêt, suivant les lois de l'amabilité, à se jeter tout entier dans la circulation, et à passer, comme l'or, de main en main pour l'usage du premier venu. Cette fois, l'esprit rebelle se taisait et restait éperdu à contempler lady Lavinia.

C'est qu'il ne s'attendait pas à la revoir si belle... Il l'avait laissée bien souffrante et bien atterée. Dans ce temps-là, les larmes avaient flétri ses joues, le chagrin avait amaigri sa taille; elle avait l'œil éteint, la main sèche, une parure négligée. Elle s'enlaidissait imprudemment alors, la pauvre Lavinia! sans songer que la douleur n'embellit que le cœur de la femme, et que la plupart des hommes nieraient volontiers l'existence de l'âme chez la femme, comme il fut fait en un certain concile de prélats italiens.

Maintenant, Lavinia était dans tout l'éclat de cette seconde beauté qui revient aux femmes quand elles n'ont pas reçu au cœur d'atteintes irréparables dans leur première jeunesse. C'était toujours une mince et pâle Portugaise, d'un reflet un peu bronzé, d'un profil un peu sévère; mais son regard et ses manières avaient pris toute l'aménité, toute la grâce caressante des Françaises. Sa peau brune était veloutée par l'effet d'une santé calme et raffermie; son frêle corsage avait retrouvé la souplesse et la vivacité florissante de la jeunesse; ses cheveux, qu'elle avait coupés jadis pour en faire un sacrifice à l'amour, se déployaient maintenant dans tout leur luxe, en épaisses torsades, sur son front lisse et uni; sa toilette se composait d'une robe de mousseline de l'Inde et d'une touffe de bruyère blanche cueillie dans le ravin, et mêlée à ses cheveux. Il n'est pas de plus gracieuse plante que la bruyère blanche; on eût dit, à la voir balancer ses délicates girandoles sur les cheveux noirs de Lavinia, des grappes de perles vivantes. Un goût exquis avait présidé à cette coiffure et à cette simple toilette, où l'ingénieuse coquetterie de la femme se révélait à force de se cacher.

Jamais Lionel n'avait vu Lavinia si séduisante. Il faillit un instant se prosterner et lui demander pardon ; mais le sourire calme qu'il vit sur son visage lui rendit le degré d'amertume nécessaire pour supporter l'entrevue avec toutes les apparences de la dignité.

A défaut de phrase convenable, il tira de son sein un paquet soigneusement cacheté, et le déposant sur la table :

« Madame, lui dit-il d'une voix assurée, vous voyez que j'ai obéi en esclave ; puis-je croire qu'à compter de ce jour ma liberté me sera rendue?

— Il me semble, lui répondit Lavinia avec une expression de gaîté mélancolique, que jusqu'ici votre liberté n'a pas été trop enchaînée, sir Lionel! En vérité, seriez-vous resté tout ce temps dans mes fers? J'avoue que je ne m'en étais pas flattée.

— Oh! madame, au nom du ciel, ne raillons pas! N'est-ce pas un triste moment que celui-ci?

— C'est une vieille tradition, répondit-elle, un dénouement convenu, une situation inévitable dans toutes les histoires d'amour. Et si, lorsqu'on s'écrit, on était pénétré de la nécessité future de s'arracher mutuellement ses lettres avec méfiance..... Mais on n'y songe point. A vingt ans, on écrit avec la profonde sécurité d'avoir échangé des serments éternels; on sourit de pitié en songeant à ces vulgaires résultats de toutes les passions qui s'éteignent; on a l'orgueil de croire que, seul entre tous, on servira d'exception à cette grande loi de la fragilité humaine! Noble erreur, heureuse fatuité, d'où naissent la grandeur et les illusions de la jeunesse! n'est-ce pas, Lionel? »

Lionel restait muet et stupéfait. Ce langage tristement philosophique, quoique bien naturel dans la bouche de Lavinia, lui semblait un monstrueux contre-sens ; car il ne l'avait jamais vue ainsi : il l'avait vue, faible enfant, se livrer aveuglément à toutes les erreurs de la vie, s'abandonner, confiante, à tous les orages de la passion; et, lorsqu'il l'avait laissée brisée de douleur, il l'avait entendue encore protester d'une fidélité éternelle à l'auteur de son désespoir.

Mais la voir ainsi prononcer l'arrêt de mort sur toutes les illusions du passé, c'était une chose pénible et effrayante. Cette femme qui se survivait à elle-même, et qui ne craignait pas de faire l'oraison funèbre de sa vie, c'était un spectacle profondément triste, et que Lionel ne put contempler sans douleur. Il ne trouva rien à répondre. Il savait bien mieux que personne tout ce qui pouvait être dit en pareil cas; mais il n'avait pas le courage d'aider Lavinia à se suicider.

Comme, dans son trouble, il froissait le paquet de lettres dans ses mains :

« Vous me connaissez assez, lui dit-elle ; je devrais dire que vous vous souvenez encore assez de moi, pour être bien sûr que je ne réclame ces gages d'une ancienne affection par aucun de ces motifs de prudence dont les femmes s'avisent quand elles n'aiment plus. Si vous aviez un tel soupçon, il suffirait, pour me justifier, de rappeler que depuis dix ans ces gages sont restés entre vos mains sans que j'aie songé à vous les retirer. Je ne m'y serais jamais déterminée, si le repos d'une autre femme n'était compromis par l'existence de ces papiers... »

Lionel regarda fixement Lavinia, attentif au moindre signe d'amertume ou de chagrin que la pensée de Margaret Ellis ferait naître en elle ; mais il lui fut impossible de trouver la plus légère altération dans son regard ou dans sa voix. Lavinia semblait être invulnérable désormais.

« Cette femme s'est-elle changée en diamant ou en glace ? » se demanda-t-il.

« Vous êtes généreuse, lui dit-il avec un mélange de reconnaissance et d'ironie; si c'est là votre unique motif!

— Quel autre pourrais-je avoir, sir Lionel? Vous plairait-il de me le dire?

— Je pourrais présumer, madame, si j'avais envie de nier votre générosité (ce qu'à Dieu ne plaise!), que des motifs personnels vous font désirer de rentrer dans la possession de ces lettres et de ce portrait.

— Ce serait m'y prendre un peu tard, dit Lavinia en riant; à coup sûr, si je vous disais que j'ai attendu jusqu'à ce jour pour avoir des *motifs personnels* (c'est votre expression), vous auriez de grands remords, n'est-ce pas?

— Madame, vous m'embarrassez beaucoup, dit Lionel; » et il prononça ces mots avec aisance, car là il se retrouvait sur son terrain. Il avait prévu des reproches et il était préparé à l'attaque; mais il n'eut pas cet avantage ; l'ennemi changea de position sur-le-champ.

«Allons, mon cher Lionel, dit-elle en souriant avec un regard plein de bonté qu'il ne lui connaissait pas encore, lui qui n'avait connu d'elle que la femme passionnée, ne craignez pas que j'abuse de l'occasion. Avec l'âge, la raison m'est venue, et j'ai fort bien compris depuis longtemps que vous n'étiez point coupable envers moi. C'est moi qui le fus envers moi-même, envers la société, envers vous peut-être; car entre deux amants aussi jeunes que nous l'étions, la femme devrait être le guide de l'homme. Au lieu de l'égarer dans les voies d'une destinée fausse et impossible, elle devrait le conserver au monde en l'attirant à elle. Moi, je n'ai rien su faire à propos : j'ai élevé mille obstacles dans votre vie; j'ai été la cause involontaire, mais imprudente, des longs cris de réprobation qui vous ont poursuivi; j'ai eu l'affreuse douleur de voir vos jours menacés par des vengeurs que je reniais, mais qui s'élevaient malgré moi contre vous; j'ai été le tourment de votre jeunesse et la malédiction de votre virilité. Pardonnez-le-moi; j'ai bien expié le mal que je vous ai fait. »

Lionel marchait de surprise en surprise. Il était venu là comme un accusé qui va s'asseoir à contre-cœur sur la sellette, et on le traitait comme un juge dont la miséricorde est implorée humblement. Lionel était né avec un noble cœur; c'était le souffle des vanités du monde qui l'avait flétri dans sa fleur. La générosité de lady Lavinia excita en lui un attendrissement d'autant plus vif qu'il n'y était pas préparé. Dominé par la beauté du caractère qui se révélait à lui, il courba la tête et plia le genou.

« Je ne vous avais jamais comprise, madame, lui dit-il d'une voix altérée; je ne savais point ce que vous valez : j'étais indigne de vous, et j'en rougis.

— Ne dites pas cela, Lionel, répondit-elle en lui tendant la main pour le relever. Quand vous m'avez connue, je n'étais pas ce que je suis aujourd'hui. Si le passé pouvait se transposer, si aujourd'hui je recevais l'hommage d'un homme placé comme vous l'êtes dans le monde...

— Hypocrite! pensa Lionel; elle est adorée du comte de Morangy, le plus fashionable des grands seigneurs!

— Si j'avais, continua-t-elle avec modestie, à décider de la vie extérieure et publique d'un homme aimé, je saurais peut-être ajouter à son bonheur au lieu de chercher à le détruire....

— Est-ce une avance? » se demanda Lionel éperdu.

Et dans son trouble il porta avec ardeur la main de Lavinia à ses lèvres. En même temps, il jeta un regard sur cette main qui était remarquablement blanche et mignonne. Dans la première jeunesse des femmes, leurs mains sont souvent rouges et gonflées; plus tard elles pâlissent, s'allongent, et prennent des proportions plus élégantes.

Plus il la regardait, plus il l'écoutait, et plus il s'étonnait de lui découvrir des perfections nouvellement acquises. Entre autres choses, elle parlait maintenant l'anglais avec une pureté extrême; elle n'avait conservé de l'accent étranger, et des mauvaises locutions dont jadis Lionel l'avait impitoyablement raillée, que ce qu'il fallait pour donner à sa phrase et à sa prononciation une originalité élégante et gracieuse. Ce qu'il y avait de fier et d'un peu sauvage dans son caractère s'était concentré peut-être au fond de son âme; mais son extérieur n'en trahissait plus rien. Moins tranchée, moins saillante, moins poétique peut-être qu'elle ne l'avait été, elle était désormais bien plus séduisante aux yeux de Lionel; elle était mieux selon ses idées, selon le monde.

Que vous dirai-je! Au bout d'une heure d'entretien, Lionel avait oublié les dix années qui le séparaient de Lavinia, ou plutôt il avait oublié toute sa vie; il se croyait auprès d'une femme nouvelle, qu'il aimait pour la première fois; car le passé lui rappelait Lavinia chagrine, jalouse, exigeante; il montrait surtout Lionel coupable à ses propres yeux; et comme Lavinia comprenait ce que les souvenirs auraient eu pour lui de pénible, elle eut la délicatesse de n'y toucher qu'avec précaution.

Ils se racontèrent mutuellement la vie qui s'était écoulée depuis leur séparation. Lavinia questionnait Lionel sur ses amours nouvelles avec l'impartialité d'une sœur; elle vantait la beauté de miss Ellis, et s'informait avec intérêt et bienveillance de son caractère et des avantages qu'un tel hymen devait apporter à son ancien ami. De son côté, elle raconta d'une manière brisée, mais piquante et fine, ses voyages, ses amitiés, son mariage avec un vieux lord, son veuvage, et l'emploi qu'elle faisait désormais de sa fortune et de sa liberté. Dans tout ce qu'elle disait, il y avait bien un peu d'ironie ; tout en rendant hommage au pouvoir de la raison, un peu d'amertume secrète se montrait contre cette impérieuse puissance, se trahissait sous la forme du badinage. Mais la miséricorde et l'indulgence dominaient dans cette âme dévastée de bonne heure, et lui imprimaient quelque chose de grand qui l'élevait au-dessus de toutes les autres.

Plus d'une heure s'était écoulée. Lionel ne comptait pas les instants ; il s'abandonnait à ses nouvelles impressions avec cette ardeur subite et passagère qui est la dernière faculté des cœurs usés. Il essayait, par toutes les insinuations possibles, d'animer l'entretien, en amenant Lavinia à lui parler de la situation réelle de son cœur; mais ses efforts étaient vains : la femme était plus mobile et plus adroite que lui. Dès qu'il croyait avoir touché une corde de son âme, il ne lui restait plus dans la main qu'un cheveu. Dès qu'il espérait saisir l'être moral et l'étreindre pour l'analyser, le fantôme glissait comme un souffle et s'enfuyait insaisissable comme l'air.

Tout à coup on frappa avec force; car le bruit du torrent, qui couvrait tout, avait empêché d'entendre les premiers coups; et maintenant on les réitérait avec impatience. Lady Lavinia tressaillit.

« C'est Henry qui vient m'avertir, lui dit sir Lionel; mais si vous daignez m'accorder encore quelques instants, je vais lui dire d'attendre. Obtiendrai-je cette grâce, madame ? »

Lionel se préparait à l'implorer obstinément, lorsque Pepa entra d'un air empressé.

« Monsieur le comte de Morangy veut entrer à toute force, dit-elle en portugais à sa maîtresse. Il est là... il n'écoute rien...

— Ah! mon Dieu! s'écria ingénument Lavinia en anglais; il est si jaloux! Que vais-je faire de vous, Lionel? »

Lionel resta comme frappé de la foudre.

« Faites-le entrer, dit vivement Lavinia à la négresse. Et vous, dit-elle à sir Lionel, passez sur ce balcon. Il fait un temps magnifique; vous pouvez bien attendre là cinq minutes pour me rendre service. »

Et elle le poussa vivement sur le balcon. Puis elle fit retomber le rideau de basin; et s'adressant au comte qui entrait :

« Que signifie le bruit que vous faites? lui dit-elle avec aisance. C'est une véritable invasion.

— Ah! pardonnez-moi, madame! s'écria le comte de Morangy; j'implore ma grâce à deux genoux. Vous voyant sortir brusquement du bal avec Pepa, j'ai cru que vous étiez malade. Ces jours derniers, vous avez été indisposée; j'ai été si effrayé!... Mon Dieu! pardonnez-moi, Lavinia, je suis un étourdi, un fou... mais je vous aime tant que je ne sais plus ce que je fais... »

Pendant que le comte parlait, Lionel, à peine revenu de sa surprise, s'abandonnait à un violent accès de colère.

« Impertinente femme! pensait-il, qui ose bien me prier d'assister à un tête-à-tête avec son amant! Ah! si c'est une vengeance préméditée, si c'est une insulte volontaire, qu'on prenne garde à moi! Mais quelle folie! si je montrais du dépit, ce serait la faire triompher... Voyons! assistons à la scène d'amour avec le sang-froid d'un vrai philosophe... »

Il se pencha vers l'embrasure de la fenêtre et se hasarda à élargir avec le bout de sa cravache la fente que laissaient les deux rideaux en se joignant. Il put ainsi voir et entendre.

Le comte de Morangy était un des plus beaux hommes de France, blond, grand, d'une figure plus imposante qu'expressive, parfaitement frisé, dandy des pieds jusqu'à la tête. Le son de sa voix était doux et velouté. Il grasseyait un peu en parlant; il avait l'œil grand, mais sans éclat; la bouche fine et moqueuse, la main blanche comme une femme, et le pied chaussé dans une perfection indicible. Aux yeux de sir Lionel, c'était le rival le plus redoutable qu'il fût possible d'avoir à combattre; c'était un adversaire digne de lui, depuis le favori jusqu'à l'orteil.

Le comte parlait français, et Lavinia répondait dans cette langue, qu'elle possédait aussi bien que l'anglais. Encore un talent nouveau de Lavinia! Elle écoutait les fadeurs du beau *talon rouge* avec une complaisance singulière. Le comte hasarda deux ou trois phrases passionnées qui parurent à Lionel s'écarter un peu des règles du bon goût et de la convenance dramatique. Lavinia ne se fâcha point; il n'y eut même presque pas de raillerie dans ses sourires.

Elle pressait le comte de retourner au bal le premier, lui disant qu'il n'était pas convenable qu'elle y rentrât avec lui. Mais il s'obstinait à la conduire jusqu'à la porte, en jurant qu'il n'entrerait qu'un quart d'heure après. Tout en parlant, il s'emparait des mains de lady Blake, qui les lui abandonnait avec une insouciance paresseuse et agaçante.

La patience échappait à sir Lionel.

« Je suis bien sot, se dit-il enfin, d'assister patiemment à cette mystification, quand je puis sortir... »

Il marcha jusqu'au bout du balcon. Mais le balcon était fermé; et au-dessous s'étendait une corniche de rochers qui ne ressemblait pas trop à un sentier. Néanmoins Lionel se hasarda courageusement à enjamber la balustrade, et à faire quelques pas sur cette corniche; mais il fut bientôt forcé de s'arrêter. La corniche s'interrompait brusquement à l'endroit de la cataracte, et un chamois eût hésité à faire un pas de plus. La lune, montant sur le ciel, montra en cet instant à Lionel la profondeur de l'abîme, dont quelques pouces de roc le séparaient. Il fut obligé de fermer les yeux pour résister au vertige qui s'emparait de lui et de regagner avec peine le balcon. Quand il eut réussi à repasser la balustrade et qu'il vit enfin ce frêle rempart entre lui et le précipice, il se crut le plus heureux des hommes, dût-il payer l'asile qu'il atteignait au prix du triomphe de son rival. Il fallut donc se résigner à entendre les tirades sentimentales du comte de Morangy.

« Madame, disait-il, c'est trop longtemps feindre avec moi. Il est impossible que vous ne sachiez pas combien je vous aime, et je vous trouve cruelle de me traiter comme s'il s'agissait d'une de ces fantaisies qui naissent et meurent dans un jour. L'amour que j'ai pour vous est un sentiment de toute la vie ; et si vous n'acceptez le vœu que je fais de vous consacrer la mienne, vous verrez, madame, qu'un homme du monde peut perdre tout respect des convenances et se soustraire à l'empire de la froide raison. Oh! ne me réduisez pas au désespoir, ou craignez-en les effets.

— Vous voulez donc que je m'explique décidément? répondit Lavinia. Eh bien! je vais le faire. Savez-vous mon histoire, monsieur?

— Oui, madame, je sais tout; je sais qu'un misérable, que je regarde comme le dernier des hommes, vous a indignement trompée et délaissée. La compassion que votre infortune m'inspire ajoute à mon enthousiasme. Il n'y a que les grandes âmes qui soient condamnées à être victimes des hommes et de l'opinion.

— Eh bien! monsieur, reprit Lavinia, sachez que j'ai su profiter des rudes leçons de ma destinée; sachez qu'aujourd'hui je suis en garde contre mon propre cœur et contre celui d'autrui. Je sais qu'il n'est pas toujours au pouvoir de l'homme de tenir ses serments et qu'il abuse aussitôt qu'il obtient. D'après cela, monsieur, n'espérez pas me fléchir. Si vous parlez sérieusement, voici ma réponse : « Je suis invulnérable. » Cette femme tant décriée pour l'erreur de sa jeunesse est entourée désormais d'un rempart plus solide que la vertu, la méfiance.

— Ah! c'est que vous ne m'entendez pas, madame, s'écria le comte en se jetant à ses genoux. Que je sois maudit si j'ai jamais eu la pensée de m'autoriser de vos malheurs pour espérer des sacrifices que votre fierté condamne...

— Êtes-vous bien sûr, en effet, de ne l'avoir eue jamais? dit Lavinia avec son triste sourire.

— Eh bien! je serai franc, dit M. de Morangy avec un accent de vérité où la *manière* du grand seigneur disparut entièrement. Peut-être l'ai-je eue avant de vous connaître, cette pensée que je repousse maintenant avec remords. Devant vous la feinte est impossible, Lavinia; vous subjuguez la volonté, vous anéantiriez la ruse, vous commandez la vénération. Oh! depuis que je sais ce que vous êtes, je jure que mon adoration a été digne de vous. Écoutez-moi, madame, et laissez-moi à vos pieds attendre l'arrêt de ma vie. C'est par d'indissolubles serments que je veux vous dévouer tout mon avenir. C'est un nom honorable, j'ose le croire, et une brillante fortune, dont je ne suis pas vain, vous le savez, que je viens mettre à vos pieds, en même temps qu'une âme qui vous adore, un cœur qui ne bat que pour vous.

—C'est donc réellement un mariage que vous me proposez? dit lady Lavinia sans témoigner au comte une surprise injurieuse. Eh bien! monsieur, je vous remercie de cette marque d'estime et d'attachement. »

Et elle lui tendit la main avec cordialité.

« Dieu de bonté! elle accepte! s'écria le comte en couvrant cette main de baisers.

— Non pas, monsieur, dit Lavinia; je vous demande le temps de la réflexion.

— Hélas! mais puis-je espérer?

— Je ne sais pas; mais comptez sur ma reconnaissance. Adieu. Retournez au bal; je l'exige. J'y serai dans un instant. »

Le comte baisa le bord de son écharpe avec passion et sortit. Aussitôt qu'il eut refermé la porte, Lionel écarta tout-à-fait le rideau, s'apprêtant à recevoir de lady Blake l'autorisation de rentrer. Mais lady Blake était assise sur le sopha, le dos tourné à la fenêtre. Lionel vit sa figure se refléter dans la glace placée vis-à-vis d'eux. Ses yeux étaient fixés sur le parquet, son attitude morne et pensive. Plongée dans une profonde méditation, elle avait complétement oublié Lionel, et l'exclamation de surprise qui lui échappa lorsque celui-ci sauta au milieu de la chambre fut l'aveu ingénu de cette cruelle distraction.

Il était pâle de dépit; mais il se contint.

« Vous conviendrez, lui dit-il, que j'ai respecté vos nouvelles affections, madame. Il m'a fallu un profond désintéressement pour m'entendre insulter à dessein peut-être... et pour rester impassible dans ma cachette.

— A dessein? répéta Lavinia en le fixant d'un air sévère. Qu'osez-vous penser de moi, monsieur? Si ce sont là vos idées, sortez!

— Non, non, ce ne sont pas là mes idées, dit Lionel en marchant vers elle et en lui prenant le bras avec agitation. Ne faites pas attention à ce que je dis. Je suis fort troublé... C'est qu'aussi vous avez bien compté sur ma raison en me faisant assister à une semblable scène.

— Sur votre raison, Lionel! Je ne comprends pas ce mot. Vous voulez dire que j'ai compté sur votre indifférence !

— Raillez-moi tant que vous voudrez, soyez cruelle, foulez-moi aux pieds ! vous en avez le droit.... Mais je suis bien malheureux..... »

Il était fortement ému. Lavinia crut ou feignit de croire qu'il jouait la comédie.

« Finissons-en, lui dit-elle en se levant ; vous auriez dû faire votre profit de ce que vous m'avez entendue répondre au comte de Morangy. Et pourtant l'amour de cet homme ne m'offense pas... Adieu, Lionel. Quittons-nous pour toujours, mais quittons-nous sans amertume. Voici votre portrait et vos lettres... Allons, laissez ma main ; il faut que je retourne au bal.

— Il faut que vous retourniez danser avec M. de Morangy, n'est-ce pas ? dit Lionel en jetant son portrait avec colère et en le broyant de son talon.

—Écoutez donc, dit Lavinia un peu pâle,

mais calme; le comte de Morangy m'offre un rang et une haute réhabilitation dans le monde. L'alliance d'un vieux lord ne m'a jamais bien lavée de la tache cruelle qui couvre une femme délaissée. On sait qu'un vieillard reçoit toujours plus qu'il ne donne. Mais un homme jeune, riche, noble, envié, aimé des femmes.... c'est différent! Cela mérite qu'on y pense, Lionel; et je suis bien aise d'avoir jusqu'ici ménagé le comte: je devinais depuis longtemps la loyauté de ses intentions.

— O femmes! la vanité ne meurt point en vous! s'écria Lionel avec dépit, lorsqu'elle fut partie. »

Il alla rejoindre Henry à l'hôtellerie. Celui-ci l'attendait avec impatience.

« Damnation sur vous, Lionel! s'écria-t-il. Il y a une grande heure que je vous attends sur mes étriers. Comment! deux heures pour une semblable entrevue! Allons, en route! vous me raconterez cela chemin faisant.

— Bonsoir, Henry. Allez-vous-en dire à miss Margaret que le traversin qui est couché à ma place dans mon lit est au plus mal. Moi, je reste.

— Cieux et terre! qu'entends-je! s'écria Henry; vous ne voulez point aller à Luchon?

— J'irai une autre fois; je reste ici maintenant.

— Mais c'est impossible ; vous rêvez ! Vous n'êtes point réconcilié avec lady Blake?

— Non pas que je sache; tant s'en faut! Mais je suis fatigué; j'ai le spleen; j'ai une courbature. Je reste. »

Henry tombait des nues. Il épuisa toute son éloquence pour entraîner Lionel; mais, ne pouvant y réussir, il descendit de cheval, et jetant la bride au palefrenier:

— Eh bien! s'il en est ainsi, je reste aussi, s'écria-t-il. La chose me paraît si plaisante, que j'en veux être témoin jusqu'au bout. Au diable les amours de Bagnères et les projets de grande route! Mon digne ami sir Lionel

Bridgemont me donne la comédie; je serai le spectateur assidu et palpitant de son drame. »

Lionel eût donné tout un monde pour se débarrasser de ce surveillant étourdi et goguenard; mais cela fut impossible.

« Puisque vous êtes déterminé à me suivre, lui dit-il, je vous préviens que je vais au bal.

— Au bal? soit. La danse est un excellent remède pour le spleen et les courbatures. »

Lavinia dansait avec M. de Morangy. Lionel ne l'avait jamais vue danser. Lorsqu'elle était venue en Angleterre, elle ne connaissait que le boléro, et elle ne s'était jamais permis de le danser sous le ciel austère de la Grande-Bretagne. Depuis, elle avait appris nos contredanses, et elle y portait la grâce voluptueuse des Espagnoles, jointe à je ne sais quel reflet de pruderie anglaise qui en modérait l'essor. On montait sur les banquettes pour la voir danser. Le comte de Morangy était triomphant: Lionel était perdu dans la foule.

Il y a tant de vanité dans le cœur de l'homme! Lionel souffrait amèrement de voir celle qui fut longtemps dominée et emprisonnée dans son amour, celle qui jadis n'était qu'à lui, et que le monde n'eût osé venir réclamer dans ses bras, libre et fière maintenant, environnée d'hommages, et trouvant dans chaque regard une vengeance ou une réparation du passé. Lorsqu'elle retourna à sa place, au moment où le comte avait une distraction, Lionel se glissa adroitement auprès d'elle et ramassa son éventail, qu'elle venait de laisser tomber. Lavinia ne s'attendait point à le trouver là. Un faible cri lui échappa, et son teint pâlit sensiblement.

« Ah! mon Dieu! lui dit-elle, je vous croyais sur la route de Bagnères.

— Ne craignez rien, madame, lui dit-il à voix basse; je ne vous compromettrai point auprès du comte de Morangy. »

Cependant il n'y put tenir longtemps, et bientôt il revint l'inviter à danser.

Elle accepta.

« Ne faudra-t-il pas aussi que j'en demande la permission à M. le comte de Morangy ? » lui dit-il.

Le bal dura jusqu'au jour. Lady Lavinia était sûre de faire durer un bal tant qu'elle y restait. A la faveur du désordre qui se glisse peu à peu dans une fête, à mesure que la nuit s'avance, Lionel put lui parler souvent. Cette nuit acheva de lui faire tourner la tête. Enivré par les charmes de lady Blake, excité par la rivalité du comte, irrité par les hommages de la foule qui à chaque instant se jetait entre elle et lui, il s'acharna de tout son pouvoir à réveiller cette passion éteinte, et l'amour-propre lui fit sentir si vivement son aiguillon qu'il sortit du bal dans un état de délire inconcevable.

Il essaya en vain de dormir; Henry, qui avait fait la cour à toutes les femmes et dansé toutes les contredanses, ronfla de toute sa tête. Dès qu'il fut éveillé :

« Eh bien ! Lionel, dit-il en se frottant les yeux, vive Dieu ! mon ami, c'est une histoire piquante que votre réconciliation avec ma cousine ; car, n'espérez pas me tromper, je sais à présent le secret. Quand nous sommes entrés au bal, Lavinia était triste et dansait d'un air distrait ; dès qu'elle vous a vu, son œil s'est animé, son front s'est éclairci. Elle était rayonnante à la walse, quand vous l'enleviez comme une plume à travers la foule. Heureux Lionel ! à Luchon une belle fiancée et une belle dot ; à Saint-Sauveur une belle maîtresse et un grand triomphe !

— Laissez-moi tranquille avec vos balivernes, » dit Lionel avec humeur.

Henry était habillé le premier. Il sortit pour voir ce qui se passait et revint bientôt, en faisant son vacarme accoutumé sur l'escalier.

« Hélas ! Henry, lui dit son ami, ne perdrez-vous point cette voix haletante et ce geste effaré? On dirait toujours que vous venez de lancer le lièvre, et que vous prenez les gens à qui vous parlez pour des limiers découplés.

— A cheval, à cheval! cria Henry; lady Lavinia Blake est à cheval; elle part pour Gèdres avec dix autres jeunes folles, et je ne sais combien de godelureaux, le comte de Morangy en tête... ce qui ne veut pas dire qu'elle n'ait que le comte de Morangy en tête; entendons-nous!

—Silence! *clown*, s'écria Lionel, à cheval, en effet, et partons! »

La cavalcade avait pris de l'avance sur eux. La route de Gèdres est un sentier escarpé, une sorte d'escalier taillé dans le roc, côtoyant le précipice, offrant mille difficultés aux chevaux, mille dangers très réels aux voyageurs. Lionel lança son cheval au grand galop. Henry crut qu'il était fou; mais, pensant qu'il y allait de son honneur de ne pas rester en arrière, il s'élança sur ses traces. Leur arrivée fut un incident fantastique pour la caravane. Lavinia frémissait à la vue de ces deux écervelés courant ainsi sur le revers d'un abîme effroyable. Quand elle reconnut Lionel et son cousin, elle devint pâle et faillit tomber de cheval. Le comte de Morangy s'en aperçut et ne la quitta plus du regard. Il était jaloux.

C'était un aiguillon de plus pour Lionel. Tout le long de la journée il disputa le moindre regard de Lavinia avec obstination. La difficulté de lui parler, l'agitation de la course, les émotions que faisait naître le sublime spectacle des lieux qu'ils parcouraient, la résistance adroite et toujours aimable de lady Blake, son habileté à guider son cheval, son courage, sa grâce, l'expression toujours poétique et toujours naturelle de ses sensations, tout acheva d'exalter sir Lionel. Ce fut une journée bien fatigante pour cette pauvre femme, obsédée de deux amants entre lesquels elle voulait tenir la balance égale: aussi accueillait-elle avec reconnaissance son joyeux cousin et ses grosses folies, lorsqu'il venait caracoler entre elle et ses adorateurs.

A l'entrée de la nuit le ciel se couvrit de nuages. Un orage sérieux s'annonçait. La cavalcade doubla le pas; mais elle était encore à plus d'une lieue de Saint-Sauveur lorsque la tempête éclata. L'obscurité devint complète; les chevaux s'effrayèrent, celui du comte de Morangy l'emporta au loin; la petite troupe se débanda, et il fallut tous les efforts des guides qui l'escortaient à pied pour empêcher que des accidents sérieux ne vinssent terminer tristement un jour si gaîment commencé.

Lionel, perdu dans d'affreuses ténèbres, forcé de marcher le long du rocher en tirant son cheval par la bride, de peur de se jeter avec lui dans le précipice, était dominé par une inquiétude bien plus vive. Il avait perdu Lavinia, malgré tous ses efforts, et il la cherchait avec anxiété depuis un quart d'heure, lorsqu'un éclair lui montra une femme assise sur un rocher un peu au-dessus du chemin. Il s'arrêta, prêta l'oreille, et reconnut la voix de lady Blake; mais un homme était avec elle : ce ne pouvait être que M. de Morangy. Lionel le maudit dans son âme, et, résolu au moins à troubler le bonheur de ce rival, il se dirigea comme il put vers le couple. Quelle fut sa joie en reconnaissant Henry auprès de sa cousine! Celui-ci, en bon et insouciant compagnon, lui céda la place, et s'éloigna même pour garder les chevaux.

Rien n'est si solennel et si beau que le bruit de l'orage dans les montagnes. La grande voix du tonnerre, en roulant sur des abîmes, se répète et retentit dans leur profondeur; le vent qui fouette les longues forêts de sapins, et les colle sur le roc perpendiculaire comme un vêtement sur des flancs humains, s'engouffre aussi dans les gorges, et y jette de grandes plaintes aiguës et traînantes comme des sanglots. Lavinia, recueillie dans la contemplation de cet imposant spectacle, écoutait les mille bruits de la montagne ébranlée, en attendant qu'un nouvel éclair jetât sa lumière bleue sur le paysage. Elle tressaillit lorsqu'il vint lui montrer sir Lionel assis près d'elle à la place qu'occupait son cousin un instant auparavant. Lionel pensa qu'elle était effrayée par l'orage, et il prit sa main pour la rassurer. Un autre éclair lui montra Lavinia, un coude appuyé sur un genou, et le menton enfoncé dans sa main, regardant d'un air d'enthousiasme la grande scène des éléments bouleversés. « Oh! mon Dieu! que cela est beau! lui dit-elle; que cette clarté bleue est vive et douce à la fois! Avez-vous vu ces déchiquetures du rocher rayonner comme des saphirs, et ce lointain livide où les cimes des glaciers se levaient comme de grands spectres dans leurs linceuls? Avez-vous remarqué aussi que, dans le brusque passage des ténèbres à la lumière et de la lumière aux ténèbres, tout semblait se mouvoir, s'agiter, comme si ces monts s'ébranlaient pour s'écrouler?

— Je ne vois rien ici que vous, Lavinia, lui dit-il avec force; je n'entends de voix que la vôtre, je ne respire d'air que votre souffle, je n'ai d'émotion qu'à vous sentir près de moi. Savez-vous bien que je vous aime éperdument? Oui, vous le savez; vous l'avez bien vu aujourd'hui, et peut-être vous l'avez voulu. Eh bien! triomphez, s'il en est ainsi. Je suis à vos pieds; je vous demande le pardon et l'oubli du passé, le front dans la poussière; je vous demande l'avenir; oh! je vous le demande avec passion, et il faudra bien me l'accorder, Lavinia; car je vous veux fortement, et j'ai des droits sur vous...

— Des droits? répondit-elle en lui retirant sa main.

— N'est-ce donc pas un droit, un affreux droit que le mal que je t'ai fait, Lavinia? Et si tu me l'as laissé prendre pour briser ta vie, peux-tu me l'ôter aujourd'hui que je veux la relever et réparer mes crimes?»

On sait tout ce qu'un homme peut dire en pareil cas. Lionel fut plus éloquent que je ne saurais l'être à sa place. Il se monta singulièrement la tête; et désespérant de vaincre autrement la résistance de lady Blake, voyant bien d'ailleurs qu'en restant au-dessous des soumissions de son rival il lui faisait un avantage trop réel, il s'éleva au même dévouement : il offrit son nom et sa fortune à lady Lavinia.

« Y songez-vous? lui dit-elle avec émotion. Vous renonceriez à miss Ellis, lorsqu'elle vous est promise, lorsque votre mariage est arrêté !

— Je le ferai, répondit-il. Je ferai une action que le monde trouvera insolente et coupable. Il faudra peut-être la laver dans mon sang; mais je suis prêt à tout pour vous obtenir; car le plus grand crime de ma vie, c'est de vous avoir méconnue, et mon premier devoir, c'est de revenir à vous. Oh! parlez, Lavinia; rendez-moi le bonheur que j'ai perdu en vous perdant. Aujourd'hui je saurai l'apprécier et le conserver; car moi aussi j'ai changé; je ne suis plus cet homme ambitieux et inquiet qu'un avenir inconnu torturait de ses menteuses promesses. Je sais la vie aujourd'hui; je sais ce que vaut le monde et son faux éclat. Je sais que pas un de mes triomphes n'a valu un seul de vos regards; et la chimère du bonheur que j'ai poursuivie m'a toujours fui jusqu'au jour où elle me ramène à vous. Oh! Lavinia, reviens à moi aussi! Qui t'aimera comme moi? qui verra comme moi ce qu'il y a de grandeur, de patience et de miséricorde dans ton âme? »

Lavinia gardait le silence; mais son cœur battait avec une violence dont s'apercevait Lionel. Sa main tremblait dans la sienne, et elle ne cherchait pas à la retirer, non plus qu'une tresse de ses cheveux que le vent avait détachée et que Lionel couvrait de baisers. Ils ne sentaient pas la pluie qui tombait en gouttes larges et rares. Le vent avait diminué, le ciel s'éclaircissait un peu, et le comte de Morangy venait à eux aussi vite que pouvait le lui permettre son cheval déferré et boiteux, qui avait failli le tuer en tombant contre un rocher.

Lavinia l'aperçut enfin et s'arracha brusquement aux transports de Lionel; celui-ci, furieux de ce contre-temps; mais plein d'espérance et d'amour, l'aida à se remettre à cheval, et l'accompagna jusqu'à la porte de sa maison. Là elle lui dit en baissant la voix: « Lionel, vous m'avez fait des offres dont je sens tout le prix; je n'y peux répondre sans y avoir mûrement réfléchi...

— O Dieu! c'est la **même** réponse qu'à M. de Morangy.

— Non, non, ce n'est pas la même chose, répondit-elle d'une voix altérée. Mais votre présence ici peut faire naître bien des bruits ridicules. Si vous m'aimez vraiment, Lionel, vous allez me jurer de m'obéir.

— Je le jure par Dieu et par vous.

— Eh bien! partez sur-le-champ, et retournez à Bagnères; je vous jure à mon tour que dans quarante heures vous aurez ma réponse.

— Mais que deviendrai-je, grand Dieu! pendant ce siècle d'attente?

— Vous espérerez, » lui dit Lavinia en refermant précipitamment la porte sur elle, comme si elle eût craint d'en dire trop.

Lionel espéra en effet. Il avait pour motifs une parole de Lavinia et tous les arguments de son amour-propre.

« Vous avez tort d'abandonner la partie, lui disait Henry en chemin; Lavinia commençait à s'attendrir. Sur ma parole, je ne vous reconnais pas là, Lionel. Quand ce n'eût été que pour ne pas laisser Morangy maître du champ de bataille... Allons! vous êtes plus amoureux de miss Ellis que je ne pensais. »

Lionel était trop préoccupé pour l'écouter. Il passa le temps que Lavinia lui avait fixé enfermé dans sa chambre, où il se fit passer pour malade, et ne daigna pas désabuser sir Henry qui se perdait en commentaires sur sa conduite. Enfin, la lettre arriva; la voici :

« *Ni l'un, ni l'autre.* Quand vous recevrez cette lettre, quand M. de Morangy, que j'ai envoyé à Tarbes, recevra ma réponse, je serai loin de vous deux; je serai partie, partie à tout jamais, perdue sans retour pour vous et pour lui.

« Vous m'offrez un nom, un rang, une fortune; vous croyez qu'un grand éclat dans le monde est une grande séduction pour une femme. Oh! non, pas pour celle qui le connaît et le méprise comme je le fais. Mais pourtant ne croyez pas, Lionel, que je dédaigne l'offre que vous m'avez faite de sacrifier un mariage brillant et de vous enchaîner à moi pour toujours.

« Vous avez compris ce qu'il y a de cruel pour l'amour-propre d'une femme à être abandonnée, ce qu'il y a de glorieux à ramener à ses pieds un infidèle, et vous avez voulu me dédommager par ce triomphe de tout ce que j'ai souffert; aussi je vous rends toute mon estime, et je vous pardonnerais le passé si cela n'était pas fait depuis longtemps.

« Mais sachez, Lionel, qu'il n'est pas en votre pouvoir de réparer ce mal. Non, cela n'est au pouvoir d'aucun homme. Le coup que j'ai reçu est mortel : il a tué pour jamais en moi la puissance d'aimer; il a éteint le flambeau des illusions, et la vie m'apparaît sous son jour terne et misérable.

« Eh bien! je ne me plains pas de ma destinée; cela devait arriver tôt ou tard. Nous vivons tous pour vieillir et pour voir les déceptions envahir chacune de nos joies. J'ai été désabusée un peu jeune, il est vrai, et le besoin d'aimer a longtemps survécu à la faculté de croire. J'ai longtemps, j'ai souvent lutté contre ma jeunesse comme contre un ennemi acharné; j'ai toujours réussi à la vaincre.

« Et croyez-vous que cette dernière lutte contre vous, cette résistance aux promesses que vous me faites ne soit pas bien cruelle et bien difficile? Je peux le dire à présent que la fuite me met à l'abri du danger de succomber : je vous aime encore, je le sens; l'empreinte du premier objet qu'on a aimé ne s'efface jamais entièrement; elle semble évanouie; on s'endort dans l'oubli des maux qu'on a soufferts; mais que l'image du passé se lève, que l'ancienne idole reparaisse, et nous sommes encore prêts à plier le genou devant elle. O fuyez ! fuyez, fantôme et mensonge! vous n'êtes qu'une ombre, et si je me hasardais à vous suivre, vous me conduiriez encore parmi les écueils pour m'y laisser mourante et brisée. Fuyez! je ne crois plus en vous. Je sais que vous ne disposez pas de l'avenir, et que si votre bouche est sincère aujourd'hui, la fragilité de votre cœur vous forcera de mentir demain.

« Et pourquoi vous accuserais-je d'être ainsi? ne sommes-nous pas tous faibles et mobiles? Moi-même n'étais-je pas calme et froide quand je vous ai abordé hier! N'étais-je pas convaincue que je ne pouvais pas vous aimer? N'avais-je pas encouragé les prétentions du comte de Morangy? Et pourtant le soir, quand vous étiez assis près de moi sur ce rocher, quand vous me parliez d'une voix si passionnée au milieu du vent et de l'orage, n'ai-je pas senti mon âme se fondre et s'amollir? Oh! quand j'y songe, c'était votre voix des temps passés, c'était votre passion des anciens jours, c'était vous, c'était mon premier amour, c'était ma jeunesse que je retrouvais tout à la fois!

« Et puis à présent que je suis de sang-froid, je me sens triste jusqu'à la mort; car je m'éveille et me souviens d'avoir fait un beau rêve au milieu d'une triste vie.

« Adieu, Lionel. En supposant que votre désir de m'épouser se fût soutenu jusqu'au moment de se réaliser (et à l'heure qu'il est, peut-être, vous sentez déjà que je puis avoir raison de vous refuser), vous eussiez été malheureux sous l'étreinte d'un lien pareil; vous auriez vu le monde, toujours ingrat et avare de louanges devant nos bonnes actions, considérer la vôtre comme l'accomplissement d'un devoir, et vous refuser le triomphe que vous en attendiez peut-être. Puis vous auriez perdu le contentement de vous-même en n'obtenant pas l'admiration sur laquelle vous comptiez. Qui sait! j'aurais peut-être moi-même oublié trop vite ce qu'il y avait de beau dans votre retour, et accepté votre amour nouveau comme une réparation due à votre honneur. Oh! ne gâtons pas cette heure d'élan et de confiance que nous avons goûtée ce soir; gardons-en le souvenir, mais ne cherchons pas à la retrouver.

« N'ayez aucune crainte d'amour-propre en ce qui concerne le comte de Morangy; je ne l'ai jamais aimé. Il est un des mille impuissants qui n'ont pu (moi aidant, hélas!) faire palpiter mon cœur éteint. Je ne voudrais pas même de lui pour époux. Un homme de son rang vend toujours trop cher la protection qu'il accorde en la faisant sentir. Et puis je hais le mariage, je hais tous les hommes, je hais les engagements éternels, les promesses, les projets, l'avenir arrangé à l'avance par des contrats et des marchés dont le destin se rit toujours. Je n'aime plus que les voyages, la rêverie, la solitude, le bruit du monde, pour le traverser et en rire, puis la poésie pour supporter le passé, et Dieu pour espérer l'avenir. »

Sir Lionel Bridgemond éprouva d'abord une grande mortification d'amour-propre ; car, il faut le dire pour consoler le lecteur qui s'intéresserait trop à lui, depuis quarante heures il avait fait bien des réflexions. D'abord il songea à monter à cheval, à suivre lady Blake, à vaincre sa résistance, à triompher de sa froide raison. Et puis il songea qu'elle pourrait bien persister dans son refus, et que pendant ce temps miss Ellis pourrait bien s'offenser de sa conduite et repousser son alliance... Il resta.

« Allons, lui dit Henry le lendemain, en le voyant baiser la main de Miss Margaret qui lui accordait cette marque de pardon après une querelle assez vive sur son absence, l'année prochaine nous siégerons au parlement. »

METELLA.

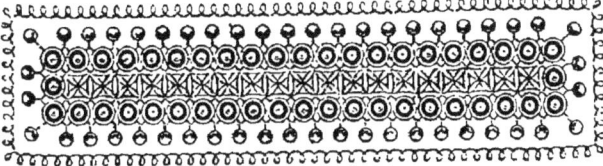

METELLA.

I.

LE comte de Buondelmonte, revenant d'un voyage de quelques journées aux environs de Florence, fut versé par la maladresse de son postillon, et tomba, sans se faire aucun mal, dans un fossé de plusieurs pieds de profondeur. La chaise de poste fut brisée, et le comte allait être forcé de gagner à pied le plus prochain relai, lorsqu'une calèche de voyage, qui avait changé de chevaux peu après à la poste précédente, vint à passer. Les postillons des deux voitures entamèrent un dialogue d'exclamations qui aurait pu durer longtemps encore sans remédier à rien, si le voyageur de la calèche, ayant jeté un regard sur le comte, n'eût proposé le dénouement naturel à ces sortes d'accidents : il pria poliment Buondelmonte de monter dans sa voiture et de continuer avec lui son voyage. Le comte accepta sans répugnance, car les manières distinguées du voyageur rendaient au moins tolérable la perspective de passer plusieurs heures en tête-à-tête avec un inconnu.

Le voyageur se nommait Olivier ; il était Genevois, fils unique, héritier d'une grande fortune. Il avait vingt ans et voyageait pour son instruction ou son plaisir. C'était un jeune homme blanc, frais et mince. Sa figure était charmante, et sa conversation, sans avoir un grand éclat, était fort au-dessus des banalités que le comte, encore un peu aigri intérieurement de sa mésaventure, s'attendait à échanger avec lui. La politesse, néanmoins, empêcha les deux voyageurs de se demander mutuellement leur nom.

Le comte, forcé de s'arrêter au premier relai pour y attendre ses gens, leur donner ses ordres et faire raccommoder sa chaise brisée, voulut prendre congé d'Olivier; mais celui-ci n'y consentit point. Il déclara qu'il attendrait à l'auberge que son compagnon improvisé eût réglé ses affaires, et qu'il ne repartirait qu'avec lui pour Florence. « Il m'est absolument indifférent, lui dit-il, d'arriver dans cette ville quelques heures plus tard; aucune obligation ne m'appelle impérieusement dans un lieu ou dans un autre. Je vais, si vous me le permettez, faire préparer le dîner pour nous deux. Vos gens viendront vous parler ici, et nous pourrons repartir dans deux ou trois heures, afin d'être à Florence demain matin. »

Olivier insista si bien que le Florentin fut contraint de se rendre à sa politesse. La table fut servie aussitôt par les ordres du jeune Suisse ; et le vin de l'auberge n'étant pas fort bon, le valet de chambre d'Olivier alla chercher dans la calèche quelques bouteilles d'un excellent vin du Rhin que le vieux serviteur réservait à son maître pour les mauvais gîtes.

Le comte, qui, même sur les meilleures apparences, se livrait rarement avec des étrangers, but très modérément et s'en tint à une politesse franche et de bonne humeur. Le Genevois, plus expansif, plus jeune, et sachant bien, sans doute, qu'il n'était forcé de veiller à la garde d'aucun secret, se livra au plaisir de boire plusieurs larges verres d'un vin généreux, après une journée de soleil et de poussière. Peut-être aussi commençait-il à s'ennuyer de son voyage solitaire, et la société d'un homme d'esprit l'avait-elle disposé à la joie : il devint communicatif.

Il est fort rare qu'un homme parle de lui-même sans dire bientôt quelque impertinence; aussi le comte, qu'une certaine malice contractée dans le commerce du monde abandonnait rarement, s'attendait-il à chaque instant à découvrir dans son compagnon ce levain d'égoïsme et de fatuité que nous avons tous au-dessous de l'épiderme. Il fut surpris d'avoir longtemps attendu inutilement ; il essaya de flatter toutes les idées du jeune homme pour lui trouver enfin un ridicule, et il n'y parvint pas; ce qui le piqua un peu, car il n'était pas habitué à déployer en vain les finesses gracieuses de sa pénétration.

« Monsieur, dit le Genevois dans le cours de la conversation, pouvez-vous me dire si lady Mowbray est en ce moment à Florence ?

— Lady Mowbray ? dit Buondelmonte avec un léger tressaillement : oui, monsieur, elle doit être de retour de Naples.

— Elle passe tous les hivers à Florence ?

— Oui, monsieur, depuis bien des années. Vous connaissez lady Mowbray?

— Non, mais j'ai un vif désir de la connaître.

— Ah!

— Est-ce que cela vous surprend, monsieur? On dit que c'est la femme la plus aimable de l'Europe.

— Oui, monsieur, et la meilleure. Vous en avez beaucoup entendu parler, à ce que je vois?

— J'ai passé une partie de la saison dernière aux eaux d'Aix; lady Mowbray venait d'en partir, et il n'était question que d'elle. Combien j'ai regretté d'être arrivé si tard! J'aurais adoré cette femme-là.

— Vous en parlez vivement! dit le comte.

— Je ne risque pas d'être impertinent envers elle, reprit le jeune homme; je ne l'ai jamais vue et ne la verrai peut-être jamais.

— Pourquoi non?

— Sans doute, pourquoi non? mais l'on

peut aussi demander pourquoi oui. Je sais qu'elle est affable et bonne, que sa maison est ouverte aux étrangers, et que sa bienveillance leur est une protection précieuse; je sais aussi que je pourrais me recommander de quelques personnes qu'elle honore de son amitié; mais vous devez comprendre et connaître, monsieur, cette espèce de répugnance craintive que nous éprouvons tous à nous approcher des personnes qui ont le plus excité de loin nos sympathies et notre admiration.

— Parce que nous craignons de les trouver au-dessous de ce que nous en avons attendu, dit le comte.

— Oh! mon Dieu, non, reprit vivement Olivier, ce n'est pas cela. Quant à moi, c'est parce que je me sens peu digne d'inspirer tout ce que j'éprouve, et en outre malhabile à l'exprimer.

— Vous avez tort, dit le comte en le regardant en face avec une expression singulière; je suis sûr que vous plairiez beaucoup à lady Mowbray.

— Comment! vous croyez? et pourquoi? d'où me viendrait ce bonheur?

— Elle aime la franchise, la bonté. Je crois que vous êtes franc et bon.

— Je le crois aussi, dit Olivier, mais cela peut-il suffire pour être remarqué d'elle au milieu de tant de gens distingués qui lui forment, dit-on, une petite cour?

— Mais..., dit le comte reprenant son sourire ironique, remarqué... remarqué... comment l'entendez-vous?

— Oh! monsieur, ne me faites pas plus d'honneur que je ne mérite, répondit Olivier en riant; je l'entends comme un écolier modeste qui désire une mention honorable au concours, mais qui n'ambitionne pas le grand prix. D'ailleurs... mais je vais peut-être dire une sottise. Si vous ne buvez plus, permettez-moi de faire emporter cette dernière bouteille. Depuis un quart-d'heure je bois par distraction...

— Buvez, dit le comte en remplissant le verre d'Olivier, et ne me laissez pas croire que vous craignez de vous faire connaître à moi.

— Soit, dit le Genevois en avalant gaîment son sixième verre de vin du Rhin. Ah! vous voulez savoir mes secrets, monsieur l'Italien? Eh bien! de tout mon cœur. Je suis amoureux de lady Mowbray.

— Bien! dit le comte en lui tendant la main dans un accès de gaîté sympathique; très bien!

— Est-ce la première fois qu'un homme serait devenu amoureux d'une femme sans l'avoir vue?

— Non, parbleu! dit Buondelmonte. J'ai lu plus de trente romans, j'ai vu plus de vingt pièces de théâtre, qui commençaient ainsi; et, croyez-moi, la vie ressemble plus souvent à un roman qu'un roman ne ressemble à la vie. Mais, dites-moi, je vous en prie, de tous les éloges que vous avez entendu faire de lady Mowbray, quel est celui qui vous a le plus enthousiasmé?

— Attendez.... dit Olivier, dont les idées commençaient à s'embrouiller un peu. On raconte d'elle beaucoup de traits presque merveilleux : on dit pourtant que, dans sa première jeunesse, elle avait montré le caractère d'une personne assez frivole.

— Comment dites-vous? demanda Buondelmonte avec sécheresse; mais Olivier n'y fit pas attention.

— Oui, continua-t-il; je dis un peu coquette.

— C'est beaucoup plus flatteur! dit le comte. De sorte que?...

— De sorte que, soit imprudence de sa part, soit jalousie de la part des autres femmes, sa réputation avait reçu en Angleterre quelques atteintes assez sérieuses pour lui faire désirer de quitter ce pays d'hommes flegmatiques et de femmes collets-montés. Elle vint donc en Italie chercher une vie plus libre, des mœurs plus élégantes. Même on dit...

— Que dit-on, monsieur? dit le comte d'un air sévère.

— On dit... continua Olivier, dont la vue était un peu troublée, bah! elle l'a dit elle-même en confidence, à Aix, à une de ses amies intimes, qui l'a répété à tous les buveurs d'eau....

— Mais qu'est-ce donc qu'elle a dit? s'écria le comte en coupant avec impatience un fruit et un peu de son doigt.

— Elle a dit qu'à son arrivée en Italie elle était si aigrie contre l'injustice des hommes et si offensée d'avoir été victime de leurs calomnies, qu'elle se sentait disposée à fouler aux pieds les lois du préjugé, et à mener une aussi joyeuse vie que la plupart des grands personnages de ce pays-ci. »

Le comte ôta son bonnet de voyage et le

remit gravement sur sa tête sans dire une seule parole. Olivier continua.

« Mais ce fut en vain. La noble lady fit ce vœu sans connaître son propre cœur. N'ayant point encore aimé, et s'en croyant incapable, elle allait y renoncer, lorsqu'un jeune homme tomba éperdument amoureux d'elle et lui écrivit sans façon pour lui demander un rendez-vous.

— Vous a-t-on dit le nom de ce jeune homme? demanda Buondelmonte.

— Ma foi! je ne m'en souviens plus. C'était un Florentin; et vous devez le connaître, car il est encore... »

Le comte l'interrompit afin d'éluder la question : « Et que répondit lady Mowbray?

— Elle accorda le rendez-vous, résolue à punir le jeune homme de sa fatuité et à le couvrir de ridicule. Elle avait préparé, à cet effet, je ne sais quel guet-apens de bonne compagnie, dont je ne sais pas bien les détails.

— N'importe, dit le comte.

— Le Florentin arriva donc; mais il était si beau, si aimable, si spirituel, que lady Mowbray chancela dans sa résolution. Elle l'écouta parler, hésita et l'écouta encore. Elle s'attendait à voir un impertinent qu'il faudrait châtier; elle trouva un jeune homme sincère, ardent et romanesque.... Que vous dirai-je? Elle se sentit émue et essaya pourtant de lui faire peur en lui parlant de prétendus dangers qui l'environnaient. Le Florentin était brave; il se mit à rire. Elle tenta alors de l'effrayer en le menaçant de sa froideur et de sa coquetterie; il se mit à pleurer et elle l'aima.... Si bien que le comte de... ma foi! je crois que son nom va me revenir... Buonacorsi.... Belmonte.... Buondelmonte, ah! m'y voici! le comte de Buondelmonte eut le pouvoir d'attendrir ce cœur rebelle. Lady Mowbray fixa à Florence ses affections et sa vie. Le comte de Buondelmonte fut son premier et son seul amant sur la joyeuse terre d'Italie. Maintenant que je vous ai raconté cette histoire telle qu'on me l'a donnée, dites-moi, vous qui êtes de Florence, si elle est vraie de tous points... Et cependant, si elle ne l'est pas, ne me dites pas que c'est un conte fait à plaisir; il est trop beau pour que je sois désabusé sans regret!

— Monsieur, dit le comte, dont la figure avait pris une expression grave et pensive, cette histoire est belle et vraie. Le comte de Buondelmonte a vécu dix ans le plus heureux et le plus envié des hommes, aux pieds de lady Mowbray.

— Dix ans! s'écria Olivier.

— Dix ans, monsieur, reprit Buondelmonte. Il y a dix ans que ces choses se sont passées.

— Dix ans! répéta le jeune homme; lady Mowbray ne doit plus être très jeune? »

Le comte ne répondit rien.

« On m'a pourtant assuré à Aix, poursuivit Olivier, qu'elle était toujours belle comme un ange, qu'elle était grande, légère, agile, qu'elle galopait au bord des précipices sur un vigoureux cheval, qu'elle dansait à merveille. Elle doit avoir trente ans environ, n'est-ce pas, monsieur?

— Qu'importe son âge? dit le comte avec impatience. Une femme n'a jamais que l'âge qu'elle paraît avoir, et tout le monde vous l'a dit: lady Mowbray est toujours belle. On vous l'a dit, n'est-ce pas ?

— On me l'a dit partout, à Aix, à Berne, à Gênes, dans tous les lieux où elle a passé.

— Elle est admirée et respectée, dit le comte.

— Oh! monsieur, vous la connaissez, vous êtes son ami peut-être? Je vous en félicite; quelle réputation plus glorieuse que celle de savoir aimer ? Que ce Buondelmonte a dû être fier de retremper cette belle âme et de voir refleurir cette plante courbée par l'orage! »

Le comte fit une légère grimace de dédain. Il n'aimait pas les phrases de roman, peut-être parce qu'il les avait aimées jadis. Il regarda fixement le Genevois; mais voyant que celui-ci se grisait décidément, il voulut en profiter pour échanger avec un homme sincère et confiant des idées qui le gênaient depuis longtemps.

Sans se donner la peine de feindre beaucoup de désintéressement, car Olivier n'était plus en état de faire de très clairvoyantes observations, le comte posa sa main sur la sienne, afin d'appeler son attention sur le sens de ses paroles.

« Pensez-vous, lui demanda-t-il, qu'il ne soit pas plus glorieux pour un homme d'ébranler la réputation d'une femme que de la rétablir quand elle a reçu à tort ou à raison de notables échecs?

— Ma foi! ce n'est pas mon opinion, dit Olivier. J'aimerais mieux élever un temple que de l'abattre.

— Vous êtes un peu romanesque, dit le comte.

— Je ne m'en défends pas, cela est de mon âge; et ce qui prouve que les exaltés n'ont pas toujours tort, c'est que Buondelmonte fut récompensé d'une heure d'enthousiasme par dix ans d'amour.

— Lui seul pourrait être juge dans cette question, » reprit le comte ; et il se promena dans la chambre, les mains derrière le dos et le sourcil froncé. Puis, craignant de se laisser deviner, il jeta un regard de côté sur son compagnon. Olivier avait la tête penchée en avant, le coude dans son assiette, et l'ombre de ses cils, abaissés par un doux assoupissement, se dessinait sur ses joues, que la chaleur généreuse du vin colorait d'un rose plus vif qu'à l'ordinaire. Le comte continua de marcher silencieusement dans la chambre jusqu'à ce que le claquement des fouets et les pieds des chevaux eussent annoncé que la calèche était prête. Le vieux domestique d'Olivier vint lui offrir une pelisse fourrée que le jeune homme passa en bâillant et en se frottant les yeux. Il ne s'éveilla tout-à-fait que pour prendre le bras de Buondelmonte et le forcer de monter le premier dans sa voiture, qui prit aussitôt la route de Florence. « Parbleu, dit-il en regardant la nuit qui était sombre, ce temps de voleurs me rappelle une histoire que j'ai entendu raconter sur lady Mowbray.

— Encore? dit le comte; lady Mowbray vous occupe beaucoup.

— Ne me demandiez-vous pas quel trait de son caractère m'avait le plus enthousiasmé? Je ne saurais dire lequel, mais voici une aventure qui m'a rendu plus envieux de voir lady Mowbray que Rome, Venise et Naples. Vous allez me dire si celle-là est aussi vraie que la première. Un jour qu'elle traversait les Apennins avec son heureux amant Buondelmonte, ils furent attaqués par des voleurs; le comte se défendit bravement contre trois hommes; il en tua un, et luttait contre les deux autres, lorsque lady Mowbray, qui s'était presque évanouie dans le premier accès de surprise, s'élança hors de la calèche et tomba sur le cadavre du brigand que Buondelmonte avait tué. Dans ce moment d'horreur, ranimée par une présence d'esprit au-dessus de son sexe, elle vit à la ceinture du brigand un grand pistolet dont il n'avait pas eu le temps de faire usage, et que sa main semblait encore presser. Elle écarta cette main encore chaude, arracha le pistolet de la ceinture, et, se jetant au milieu des combattants, qui ne s'attendaient à rien de semblable, elle déchargea le pistolet à bout portant dans la figure d'un bandit qui tenait Buondelmonte à la gorge. Il tomba raide mort, et Buondelmonte eut bientôt fait justice du dernier. N'est-ce pas là encore une belle histoire, monsieur?

— Aussi belle que vraie, répéta Buondelmonte. Le courage de lady Mowbray la soutint encore quelque temps après cette terrible scène. Le postillon, à demi mort de peur, s'était tapi dans un fossé, les chevaux effrayés avaient rompu leurs traits; le seul domestique qui accompagnât les voyageurs était blessé et évanoui. Buondelmonte et sa compagne furent obligés de réparer ce désordre en toute hâte, car à tout instant d'autres bandits, attirés par le bruit du combat, pouvaient fondre sur eux, comme cela arrive souvent. Il fallut battre le postillon pour le ranimer, bander la plaie du domestique qui perdait tout son sang, le porter dans la voiture, et ratteler les chevaux. Lady Mowbray s'employa à toutes les choses avec une force de corps et d'esprit vraiment extraordinaire. Elle avisait à tous les expédients et trouvait toujours le plus sûr et le plus prompt moyen de sortir d'embarras. Ses belles mains, souillées de sang, rattachaient des courroies, déchiraient des vêtements, soulevaient des pierres. Enfin tout fut réparé, et la voiture se remit en route. Lady Mowbray s'assit auprès de son amant, le regarda fixement, fit un grand cri et s'évanouit. A quoi pensez-vous? ajouta le comte en voyant Olivier tomber dans le silence et la méditation.

— Je suis amoureux, dit Olivier.

— De lady Mowbray?

— Oui, de lady Mowbray.

— Et vous allez sans doute à Florence pour le lui déclarer? dit le comte.

— Je vous répéterai le mot que vous me disiez tantôt: Pourquoi non?

— En effet, dit le comte d'un ton sec, pourquoi non? » Puis il ajouta d'un autre ton, et comme s'il se parlait à lui-même: — « Pourquoi non?

— Monsieur, reprit Olivier après un instant de silence, soyez assez bon pour confirmer ou démentir une troisième histoire qui m'a été racontée à propos de lady Mowbray, et qui me semble moins belle que les deux premières.

— Voyons, monsieur.

— On dit que le comte de Buondelmonte quitte lady Mowbray?

— Pour cela, monsieur, répondit le comte très brusquement, je n'en sais rien et n'ai rien à vous dire.

— Mais, moi, on me l'a assuré, reprit Olivier, et, quelque triste que soit ce dernier dénouement, il ne me paraît pas impossible.

— Mais que vous importe? dit le comte.

— Vous êtes le comte de Buondelmonte, » dit Olivier, vivement frappé de l'accent de son compagnon; et lui saisissant le bras il ajouta : « Et vous ne quittez pas lady Mowbray?

— Je suis le comte de Buondelmonte, répondit celui-ci; le saviez-vous, monsieur?

— Sur mon honneur! non.

— En ce cas vous n'avez pu m'offenser. Mais parlons d'autre chose. »

Ils essayèrent, mais la conversation languit bientôt. Tous deux étaient contraints. Ils prirent d'un commun accord le parti de feindre le sommeil. Aux premiers rayons du jour, Olivier, qui avait fini par s'endormir tout de bon, s'éveilla au milieu de Florence. Le comte prit congé de lui avec une cordialité à laquelle il avait eu le temps de se préparer.

« Voici ma demeure, lui dit-il en lui montrant un des plus beaux palais de la ville, devant lequel le postillon s'était arrêté; et au cas où vous oublieriez le chemin, vous me permettrez d'aller vous chercher pour vous servir de guide moi-même. Puis-je savoir où vous descendrez, et à quelle heure je pourrai, sans vous déranger, aller vous offrir mes remerciments et mes services?

— Je n'en sais rien encore, répondit Olivier un peu embarrassé; mais il est inutile que vous preniez cette peine. Aussitôt que je serai reposé, j'irai vous demander vos bons offices dans cette ville, où je ne connais personne.

— J'y compte, reprit Buondelmonte en lui tendant la main.

— Je m'en garderai bien, » pensa le Genevois en lui rendant sa politesse. Ils se séparèrent.

« J'ai fait une belle école ! se disait Olivier le lendemain matin en s'éveillant dans la meilleure hôtellerie de Florence ; je commence bien ! Aussi, cet homme est fou d'avoir pris au sérieux les divagations d'un étourdi à moitié ivre. J'ai réussi toutefois à me fermer la porte de lady Mowbray, moi qui désirais tant la connaître ! c'est horriblement désagréable, après tout !... » Il appela son valet de chambre pour qu'il lui fît la barbe, et s'impatientait sérieusement de ne pouvoir retrouver dans son nécessaire une

certaine savonnette au garafoli qu'il avait
achetée à Parme, lorsque le comte de Buondelmonte entra dans sa chambre.

« Pardonnez-moi si j'entre en ami sans
me faire annoncer, lui dit-il d'un air riant
et ouvert; j'ai su en bas que vous étiez
éveillé, et je viens vous chercher pour déjeuner avec moi chez lady Mowbray. »

Olivier s'aperçut que le comte cherchait
dans ses yeux à deviner l'effet de cette nouvelle. Malgré sa candeur, il ne manquait
pas d'une certaine défiance des autres, il
avait en même temps une honnête confiance
en son propre jugement. On pouvait l'affliger, mais non le jouer ou l'intimider.

« De tout mon cœur, répondit-il avec assurance, et je vous remercie, mon cher compagnon de voyage, de m'avoir procuré cette
faveur. Maintenant nous sommes quittes. »

Les manières cordiales et franches de
Buondelmonte ne se démentirent point. Seu-

lement, comme le jeune étranger, tout en se hâtant, donnait des soins minutieux à sa toilette, le comte ne put réprimer un sourire qu'Olivier saisit au fond de la glace devant laquelle il nouait sa cravate. « Si nous faisons une guerre d'embûches, pensa-t-il, c'est fort bien ; avançons. » Il ôta sa cravate, et gronda son domestique de lui en avoir donné une mal pliée. Le vieux Hantz en apporta une autre : « J'en aimerais mieux une bleu-de-ciel, dit Olivier ; » et quand Hantz eut apporté la cravate bleu-de-ciel, Olivier les examina l'une après l'autre d'un air d'incertitude et de perplexité.

« S'il m'était permis de donner mon avis, dit le valet de chambre timidement...

— Vous n'y entendez rien, dit gravement Olivier ; monsieur le comte, je m'en rapporte à vous, qui êtes un homme de goût : laquelle de ces deux couleurs convient le mieux au ton de ma figure ?

—Lady Mowbray, répondit le comte en souriant, ne peut souffrir ni le bleu ni le rose.

—Donnez-moi une cravate noire, » dit Olivier à son domestique.

La voiture du comte les attendait à la porte. Olivier y monta avec lui. Ils étaient contraints tous deux, et cependant il n'y parut point. Buondelmonte avait trop d'habitude du monde pour ne pas sembler ce qu'il voulait être; Olivier avait trop de résolution pour laisser voir son inquiétude. Il pensait que si lady Mowbray était d'accord avec Buondelmonte pour se moquer de lui, sa situation pouvait devenir difficile; mais si Buondelmonte était seul de son parti, il pouvait être agréable de le tourmenter un peu. En secret, leur première sympathie avait fait place à une sorte d'aversion. Olivier ne pouvait pardonner au comte de l'avoir laissé parler à tort et à travers, sans se nommer; le comte avait sur le cœur, non les étourderies qu'Olivier avait débitées la veille, mais le peu de repentir ou de confusion qu'il en montrait.

Lady Mowbray habitait un palais magnifique; le comte mit quelque affectation à y entrer comme chez lui, et à parler aux domestiques comme s'ils eussent été les siens. Olivier se tenait sur ses gardes et observait les moindres mouvements de son guide. La pièce où ils attendirent était décorée avec un art et une richesse dont le comte semblait orgueilleux, bien qu'il n'y eût coopéré ni par son argent ni par son goût. Cependant il fit les honneurs des tableaux de lady Mowbray comme s'il avait été son maître de peinture, et semblait jouir de l'émotion insurmontable avec laquelle Olivier attendait l'apparition de lady Mowbray.

Metella Mowbray était fille d'une Italienne et d'un Anglais; elle avait les yeux noirs d'une Romaine et la blancheur rosée d'une Anglaise. Ce que les lignes de sa beauté

avaient d'antique et de sévère était adouci
par une expression sereine et tendre qui est
particulière aux visages britanniques. C'é-
tait l'assemblage des deux plus beaux types.
Sa figure avait été reproduite par tous les
peintres et sculpteurs de l'Italie; mais malgré cette perfection, malgré ces triomphes,
malgré la parure exquise qui faisait ressortir tous ses avantages, le premier regard
qu'Olivier jeta sur elle lui dévoila le secret
tourment du comte de Buondelmonte : Metella n'était plus jeune...

Aucun des prestiges du luxe qui l'entourait, aucune des gloires dont l'admiration
universelle l'avait couronnée, aucune des
séductions qu'elle pouvait encore exercer,
ne la défendirent de ce premier arrêt de
condamnation que le regard d'un homme
jeune lance à une femme qui ne l'est plus.
En un clin d'œil, en une pensée, Olivier
rapprocha de cette beauté si parfaite et si
rare le souvenir d'une fraîche et brutale

beauté de Suissesse. Les sculpteurs et les peintres en eussent pensé ce qu'ils auraient voulu; Olivier se dit qu'il valait toujours mieux avoir seize ans que cet âge problématique dont les femmes cachent le chiffre comme un affreux secret.

Ce regard fut prompt, mais il n'échappa point au comte et lui fit involontairement mordre sa lèvre inférieure.

Quant à Olivier, ce fut l'affaire d'un instant; il se remit et veilla mieux sur lui-même : il se dit qu'il ne serait point amoureux, mais qu'il pouvait fort bien, sans se compromettre, agir comme s'il l'était; car, si lady Mowbray n'avait plus le pouvoir de lui faire faire des folies, elle valait encore la peine qu'il en fît pour elle. Il se trompait peut-être; peut-être une femme en a-t-elle le pouvoir tant qu'elle en a le droit.

Le comte, dissimulant aussi sa mortification, présenta Olivier à lady Mowbray avec toutes sortes de cajoleries hypocrites pour l'un et pour l'autre; et au moment où Metella tendait sa main au Genevois en le remerciant du service qu'il avait rendu à *son ami*, le comte ajouta : « Et vous devez aussi le remercier de l'enthousiasme passionné qu'il professe pour vous, madame. Celui-ci mérite plus que les autres, il vous a adorée avant de vous voir. »

Olivier rougit jusqu'aux yeux, mais lady Mowbray lui adressa un sourire plein de douceur et de bonté; et lui tendant la main :
« Soyons donc amis, lui dit-elle, car je vous dois un dédommagement pour cette mauvaise plaisanterie de monsieur.

— Soyez ou non sa complice, répondit Olivier, il vous a dit ce que je n'aurais jamais osé vous dire. Je suis trop payé de ce que j'ai fait pour lui. » Et il baisa résolument la main de lady Mowbray.

« L'insolent ! » pensa le comte.

Pendant le déjeuner, le comte accabla sa maîtresse de petits soins et d'attentions. Sa politesse envers Olivier ne put dissimuler entièrement son dépit; Olivier cessa bientôt de s'en apercevoir. Lady Mowbray, de pâle, nonchalante et un peu triste qu'elle était d'abord, devint vermeille, enjouée et brillante. On n'avait exagéré ni son esprit ni sa grâce. Lorsqu'elle eut parlé, Olivier la trouva rajeunie de dix ans; cependant son bon sens naturel l'empêcha de se tromper sur un point important. Il vit que Metella, sincère dans sa bienveillance envers lui, ne tirait sa gaîté, son plaisir et son *rajeunissement* que des attentions affectueuses du comte. « Elle l'aime encore, pensa-t-il, et lui l'aimera tant qu'elle sera aimée des autres. »

Dès ce moment il fut tout-à-fait à son aise, car il comprit ce qui se passait entre eux, et il s'inquiéta peu de ce qui pouvait se passer en lui-même; il était encore trop tôt.

Le comte vit que Metella avait charmé son adversaire; il crut tenir la victoire. Il redoubla d'affection pour elle, afin qu'Olivier se convainquît bien de sa défaite.

A trois heures, il offrit à Olivier, qui se retirait, de le reconduire chez lui, et au moment de quitter Metella, il lui baisa deux fois la main si tendrement qu'une rougeur de plaisir et de reconnaissance se répandit sur le visage de lady Mowbray. L'expression du bonheur dans l'amour semble être exclusivement accordée à la jeunesse, et quand on la rencontre sur un front flétri par les années, elle y jette de magiques éclairs. Metella parut si belle en cet instant que Buondelmonte en eut de l'orgueil, et passant son bras sous celui d'Olivier, il lui dit en descendant l'escalier : « Eh bien ! mon cher ami, êtes-vous toujours amoureux de ma maîtresse ?

— Toujours, répondit hardiment Olivier, quoiqu'il n'en pensât pas un mot.

— Vous y mettez de l'obstination !

— Ce n'est pas ma faute, mais bien la

vôtre. Pourquoi vous êtes-vous emparé de mon secret et pourquoi l'avez vous révélé? A présent nous jouons jeu sur table.

— Vous avez la conscience de votre habileté !

— Pas du tout, l'amour est un jeu de hasard.

— Vous êtes très facétieux !

— Et vous donc, monsieur le comte? »

Olivier consacra plusieurs jours à parcourir Florence. Il pensa peu à lady Mowbray; il aurait fort bien pu l'oublier, s'il ne l'eût pas revue. Mais un soir il la vit au spectacle, et il crut devoir aller la saluer dans sa loge. Elle était magnifique aux lumières et en grande toilette; il en devint amoureux et résolut de ne plus la voir.

Lady Mowbray s'était maintenue miraculeusement belle au-delà de l'âge marqué pour le déclin du règne des femmes; mais depuis un an le temps inexorable semblait vouloir reprendre ses droits sur elle et lui faire sentir le réveil de sa main endormie. Souvent, le matin, Metella, en se regardant sans parure devant sa glace, jetait un cri d'effroi à l'aspect d'une ride légère creusée durant la nuit sur les plans lisses et nobles de son visage et de son cou. Elle se défendait encore avec orgueil de la tentation de se mettre du rouge, comme faisaient autour d'elle les femmes de son âge. Jusque-là elle avait pu braver le regard d'un homme en plein midi ; mais des nuances ternes s'étendaient au contour de ses joues, et un reflet bleuâtre encadrait ses grands yeux noirs. Elle voyait déjà ses rivales se réjouir autour d'elle, et lui faire un meilleur accueil à mesure qu'elles la trouvaient moins redoutable.

Dans le monde, on disait qu'elle était si affectée de vieillir qu'elle en était malade. Les femmes assuraient déjà qu'elle se teignait les cheveux et qu'elle avait plusieurs fausses dents. Le comte de Buondelmonte savait bien que c'étaient autant de calomnies; mais il s'en affectait peut-être plus sincèrement que d'une vérité qui serait restée secrète. Il avait été trop heureux, trop envié depuis dix ans, pour que les jouissances de la vanité, qui sont les plus durables de toutes, n'eussent pas fait pâlir celles de l'amour. L'attachement et la fidélité de la plus belle et de la plus aimable des femmes avaient-ils développé en lui un immense orgueil, ou l'avaient-ils seulement nourri?

Je n'en sais rien. Toutes les personnes que je connais ont eu vingt ans, et mes études psychologiques me portent à croire que presque tout le monde est capable d'avoir vingt ans, ne fût-ce qu'une fois en sa vie. Mais le comte en eut trente et demi le jour où lady Mowbray en eut... (je suis trop bien élevé pour tracer un chiffre qui désignerait au juste ce que j'appellerai, sans offenser ni compromettre personne, l'âge *indéfinissable* d'une femme); et le comte, qui avait tiré une grande gloire de la préférence de lady Mowbray, commença à jouer dans le monde un rôle moitié honorable, moitié ridicule, qui fit beaucoup souffrir sa vanité. Dix ans apportent dans toutes les passions possibles beaucoup de calme et de raisonnement. L'amitié qui survit à l'amour est plus susceptible de calcul et plus froide dans ses jugements. L'amitié (que deux ou trois exceptions qui sont dans le monde me le pardonnent!) n'est point héroïque de sa nature. L'amitié de Buondelmonte pour Metella vit d'un œil très clairvoyant les chances d'ennui et de dépendance qui allaient s'augmentant d'un côté, de l'autre les chances d'avenir et de triomphe qui étaient encore vertes et séduisantes. Une certaine princesse allemande, grande liseuse de romans et renommée pour le luxe de ses équipages, débitait des œillades sentimentales qui, au spectacle, attiraient dans leur direction magnétique tous les yeux vers la loge du comte.

Une prima donna, pour laquelle quantité de colonels s'étaient battus en duel, invitait souvent le comte à ses soupers et le raillait de sa vie bourgeoise et retirée. Des jeunes gens, dont il faisait du reste l'admiration par ses gilets et les pierres gravées de ses bagues, lui reprochaient sérieusement la perte de sa liberté. Enfin, il ne voyait plus personne se lever et se dresser sur la pointe des pieds quand lady Mowbray, appuyée sur son bras, paraissait en public. Elle était encore belle, mais tout le monde le savait; on l'avait tant vue, tant admirée! il y avait si longtemps qu'on l'avait proclamée la reine de Florence, qu'il n'était plus question d'elle et que la moindre pensionnaire excitait plus d'intérêt. Les femmes osaient aborder les modes que la seule lady Mowbray avait eu le droit de porter; on ne disait plus le moindre mal d'elle, et le comte entendait avec un plaisir diabolique répéter autour de lui que sa conduite était exemplaire, et que c'était une bien belle chose que de s'abuser aussi longtemps sur les attraits de sa maîtresse.

La douleur de Metella, en se voyant négligée de celui qu'elle aimait exclusivement, fut si grande que sa santé s'altéra, et que les ravages du temps firent d'effrayants progrès. Le refroidissement de Buondelmonte en fit à proportions égales; et lorsque le jeune Olivier les vit ensemble, lady Mowbray n'en était plus à compter son bonheur par années, mais par heures.

« Savez-vous, ma chère Metella, lui dit le comte le lendemain du jour où elle avait rencontré Olivier au spectacle, que ce jeune Suisse est éperdument amoureux de vous?

— Est-ce que vous auriez envie de me le faire croire? dit lady Mowbray en s'efforçant de prendre un ton enjoué. Voilà au moins la dixième fois depuis quinze jours que vous me le répétez!

— Et quand vous le croiriez, dit assez

sèchement le comte, qu'est-ce que cela me ferait? »

Metella eut envie de lui dire qu'il n'avait pas toujours été aussi insouciant; mais elle craignit de tomber dans les phrases du vocabulaire des femmes abandonnées, elle garda le silence.

Le comte se promena quelque temps dans l'appartement d'un air sombre.

« Vous vous ennuyez, mon ami? lui dit-elle avec douceur.

— Moi! pas du tout! Je suis un peu souffrant. » Lady Mowbray se tut de nouveau, et le comte continua à se promener en long et en large. Quand il la regarda, il s'aperçut qu'elle pleurait. « Eh bien! qu'est-ce que vous avez? lui dit-il en feignant la plus grande surprise. Vous pleurez parce que j'ai un peu mal à la gorge!

— Si j'étais sûre que vous souffrez, je ne pleurerais pas.

— Grand merci, milady!

— J'essaierais de vous soulager ; mais je crois que votre mal est sans remède !

— Quel est donc mon mal, s'il vous plaît ?

— Regardez-moi, monsieur, répondit-elle en se levant et en lui montrant son visage flétri : votre mal est écrit sur mon front...

— Vous êtes folle, répondit-il en levant les épaules, ou plutôt vous êtes furieuse de vieillir ! Est-ce ma faute, à moi ? puis-je l'empêcher ?

— Oh ! certainement, Luigi, répondit Metella; vous auriez pu l'empêcher encore ! » Elle retomba sur son fauteuil, pâle, tremblante, et fondit en larmes.

Le comte fut attendri, puis contrarié ; et cédant au dernier mouvement, il lui dit brutalement : « Parbleu ! madame, vous ne devriez pas pleurer ; cela ne vous embellira pas. » Et il sortit avec colère.

« Il faut absolument que cela finisse, pensa-t-il quand il fut dans la rue. Il n'est pas en mon pouvoir de feindre plus longtemps un amour que je ne ressens plus. Tous ces ménagements ressemblent à l'hypocrisie. Ma faiblesse d'ailleurs prolonge l'incertitude et les souffrances de cette malheureuse femme. C'est une sorte d'agonie que nous endurons tous deux. Il faut couper ce lien, puisqu'elle ne veut pas le dénouer. »

Il retourna sur ses pas et la trouva évanouie dans les bras de ses femmes ; il en fut touché et lui demanda pardon. Quand il la vit plus calme, il se retira plus mécontent lui-même que s'il l'eût laissée furieuse. « Il est donc décidé, se dit-il en serrant les poings sous son manteau, que je n'aurai pas l'énergie de me débarrasser d'une femme! » Il s'excita tant qu'il put à prendre un parti décisif, et toujours au moment d'en adopter un il sentit qu'il n'aurait pas le courage de braver le désespoir de Metella. Après tout, que ce fût par vanité ou par tendresse, il l'avait aimée; il avait vécu dix ans heureux

auprès d'elle, il lui devait en partie l'éclat de
sa position dans le monde, et il y avait des
jours où elle était encore si belle qu'on le
proclamait heureux : il était heureux ces
jours-là. « Cependant il le faut, pensa-t-il,
car dans peu de temps elle sera décidément
laide, je ne pourrai plus la souffrir, et je ne
serai pas assez fort pour lui cacher mon dégoût; alors notre rupture sera éclatante et
rude : il vaudrait mieux qu'elle se fît à l'amiable dès à présent... »

Il se promena seul pendant une heure au
clair de la lune ; il était tellement malheureux, que lady Mowbray serait venue au-devant de ses desseins si elle avait su combien
il était rongé d'ennui. Enfin il s'arrêta au
milieu de la rue, et, regardant autour de lui
dans une sorte de détresse, il vit qu'il était
devant l'hôtel où logeait Olivier ; il y entra
précipitamment, je ne sais pas bien pourquoi, et peut-être ne le savait-il pas non plus
lui-même. Quoi qu'il en soit, il demanda

le Genevois et apprit avec plaisir qu'il était chez lui ; il le trouva se disposant à aller au bal chez un banquier auquel il était recommandé. Olivier fut surpris de l'agitation du comte : il ne l'avait pas encore vu ainsi et ne savait que penser de son air inquiet et de ses fréquentes contradictions. Rien de ce qu'il disait ne semblait être dans ses habitudes ni dans son caractère. Enfin, après un quart d'heure de cette étrange manière d'être, Buondelmonte lui pressa la main avec effusion, le conjura de venir souvent chez lady Mowbray ; après lui avoir fait mille politesses exagérées, il se retira précipitamment comme un homme qui vient de commettre un crime.

Il retourna chez lady Mowbray ; il la trouva souffrante et prête à se mettre au lit ; il l'engagea à se distraire et à venir avec lui au bal chez le banquier A... Metella n'en avait pas la moindre envie ; mais voyant que le comte le désirait vivement, elle céda pour lui faire plaisir et ordonna à ses femmes de préparer sa toilette.

« Vraiment, Luigi, lui dit-elle en s'habillant, je ne vous comprends plus; vous avez mille caprices; avant-hier, je désirais aller au bal de la princesse Wilhelmine, et vous m'en avez empêchée; aujourd'hui...

—Ah! c'était bien différent; j'avais un rhume effroyable ce jour-là... je tousse encore un peu...

— On m'a dit cependant...

— Qu'est-ce qu'on vous a dit? et qui est-ce qui vous l'a dit?

— Oh! c'est le jeune Suisse avec lequel vous avez voyagé, et que j'ai vu au spectacle hier soir ; il m'a dit qu'il vous avait rencontré la veille au bal chez la princesse Wilhelmine.

— Ah! madame, dit le comte, je comprends très bien les raisons de M. Olivier de Genève pour me calomnier auprès de vous!

— Vous calomnier! dit Metella en levant

les épaules. Est-ce qu'il sait que vous m'avez fait un mensonge?

— Est-ce que vous allez mettre cette robe-là, milady? interrompit le comte. Oh! mais vous négligez votre toilette déplorablement!

— Cette robe arrive de France, mon ami; elle est de Victorine, et vous ne l'avez pas encore vue.

— Mais une robe de velours violet! c'est d'une sévérité effrayante.

— Attendez donc; il y a des nœuds et des torsades d'argent qui lui donnent beaucoup d'éclat.

— Ah! c'est vrai! voilà une toilette très riche et très noble. On a beau dire, Metella, c'est encore vous qui avez la mise la plus élégante, et il n'y a pas une femme de vingt ans qui puisse se vanter d'avoir une taille aussi belle...

— Hélas! dit Metella, je ne sens plus la souplesse que j'avais autrefois, ma démarche n'est plus aussi légère; il me semble que je m'affaisse et que je suis moins grande d'une ligne chaque jour.

— Vous êtes trop sincère et trop bonne, ma chère lady, dit le comte en baissant la voix. Il ne faut pas dire cela, surtout devant vos soubrettes; ce sont des babillardes qui iront le répéter dans toute la ville.

— J'ai un délateur qui parlera plus haut qu'elles, répondit Metella; c'est votre indifférence.

— Ah! toujours des reproches; mon Dieu! qu'une femme qui se croit offensée est cruelle dans sa plainte et persévérante dans sa vengeance!

— Vengeance! moi, vengeance? dit Metella.

— Non, je me sers d'un mot inconvenant, ma chère lady; vous êtes douce et généreuse, en ai-je jamais douté? Allons, ne nous querellons pas, au nom du ciel! ne prenez pas votre air abattu et fatigué. Votre coiffure est bien plate, ne trouvez-vous pas?

— Vous aimez ces bandeaux lisses avec un diamant sur le front...

— Je trouve qu'à présent les tresses descendant le long des joues, à la manière des reines du moyen-âge, vous vont encore mieux.

— Il est vrai que mes joues ne sont plus très rondes, et qu'on les voit moins avec des tresses. Francesca, faites-moi des tresses.

— Metella, dit le comte lorsqu'elle fut coiffée, pourquoi ne mettez-vous pas de rouge?

— Hélas! il est donc temps que j'en mette? répondit-elle tristement; je me flattais de n'en jamais avoir besoin.

— C'est une folie, ma chère, est-ce que tout le monde n'en met pas? Les plus jeunes femmes on ont.

— Vous haïssez le fard, et vous me disiez souvent que vous préfériez ma pâleur à une fraîcheur factice.

— Mais la dernière fois que vous êtes sortie, on vous a trouvée bien pâle... On ne va pas au bal uniquement pour son amant.

— J'y vais uniquement pour vous aujourd'hui, je vous jure.

— Ah! milady, c'est à mon tour de dire qu'il n'en fut pas toujours ainsi! *Autrefois* vous étiez un peu fière de vos triomphes.

— J'en étais fière à cause de vous, Luigi; à présent qu'ils m'échappent, et que je vous vois en souffrir, je voudrais me cacher. Je voudrais éteindre le soleil et vivre avec vous dans les ténèbres.

— Ah! vous êtes en veine de poésie, milady. J'ai trouvé tout à l'heure votre Byron ouvert à cette belle page des ténèbres; je ne m'étonne pas de vous voir des idées sombres. Eh bien! le rouge vous sied à merveille. Regardez-vous, vous êtes superbe; allons, Francesca, apportez les gants et l'éventail de milady. Voici votre bouquet. Metella; c'est moi qui l'ai apporté, c'est un droit que je ne veux pas perdre. »

Metella prit le bouquet et regarda tendrement le comte avec un sourire sur les lèvres et une larme dans les yeux. « Allons, venez, mon amie, lui dit-il; vous allez être encore une fois la reine du bal. »

Le bal était somptueux, mais, par un de ces hasards facétieux qui se rencontrent souvent dans le monde, il y avait une quantité exorbitante de femmes laides et vieilles. Parmi les jeunes et les agréables, il y en avait peu de vraiment jolies. Lady Mowbray eut donc un très grand succès, et Olivier, qui ne s'attendait pas à la rencontrer, s'abandonna à sa naïve admiration. Dès que le comte le vit auprès de lady Mowbray, il s'éloigna, et dès qu'il les vit s'éloigner l'un et l'autre, il prit le bras d'Olivier, et sous le premier prétexte venu il le ramena auprès de Metella. « Vous m'avez dit en route que vous aviez vu Goëthe,

dit-il au jeune voyageur; parlez donc de lui à milady; elle est si avide d'entendre parler du vieux Faust, qu'elle voulait m'envoyer à Weimar tout exprès pour lui rapporter les dimensions exactes de son front. Heureusement pour moi, le grand homme est mort au moment où j'allais me mettre en route. »
Buondelmonte tourna sur ses talons fort habilement en achevant sa phrase, et laissa Olivier parler de Goëthe à lady Mowbray.

Metella, qui l'avait d'abord accueilli avec une politesse bienveillante, l'écouta peu à peu avec intérêt. Olivier n'avait pas infiniment d'esprit, mais il avait fait beaucoup de bonnes lectures; il avait de la vivacité, de l'enthousiasme, et, ce qui est extrêmement rare chez les jeunes gens, pas la moindre affectation. Avec lui, on n'était pas forcé de pressentir le grand homme en herbe, la puissance intellectuelle méconnue et comprimée; c'était un vrai Suisse pour la franchise et le bon sens, une sorte d'Allemand pour la sensibilité et la confiance; il n'avait rien de français, ce qui plut infiniment à Metella.

Vers la fin du bal, le comte revint auprès d'eux, et les retrouvant ensemble, il se sentit joyeux et triompha intérieurement de son habileté. Il laissa Olivier donner le bras à lady Mowbray pour la reconduire à sa voiture et les suivit par derrière avec une discrétion vraiment maritale.

Le lendemain, il fit à Metella le plus pompeux éloge du jeune Suisse, et l'engagea à lui écrire un mot pour l'inviter à dîner. Après le dîner, il se fit appeler dehors pour une prétendue affaire imprévue, et les laissa ensemble toute la soirée. Comme il revenait seul et à pied, il vit deux jeunes bourgeois de la ville arrêtés devant le balcon de lady Mowbray, et il s'arrêta pour entendre leur conversation.

« Vois-tu la taille de lady Mowbray au clair de la lune? On dirait une belle statue sur une terrasse.

— Le comte est aussi un beau cavalier. Comme il est grand et mince !

— Ce n'est pas là le comte de Buondelmonte; celui-ci est plus grand de toute la tête. Qui diable est-ce donc? je ne le connais pas.

— C'est le jeune duc d'Asti.

— Non, je viens de le voir passer en sédiole.

— Bah ! ces grandes dames ont tant d'adorateurs, celle-là qui est si belle surtout ! Le comte de Buondelmonte doit être fier !...

— C'est un niais. Il s'amuse à faire la cour à cette grosse princesse allemande, qui a des yeux de faïence et des mains de macaroni, tandis qu'il y a dans la ville un petit étranger nouvellement débarqué qui donne le bras à madame Metella, et qui change d'habit sept fois par jour pour lui plaire.

— Ah! parbleu! c'est lui que nous voyons

là-haut sur le balcon. Il a l'air de ne pas s'ennuyer.

— Je ne m'ennuierais pas à sa place.

— Il faut que Buondelmonte soit bien fou ! »

Le comte entra dans le palais et traversa les appartements avec agitation. Il arriva à l'entrée de la terrasse, et s'arrêta pour regarder Metella et Olivier, dont les silhouettes se dessinaient distinctement sur le ciel pur et transparent d'une belle soirée. Il trouva le Genevois bien près de sa maîtresse; il est vrai que celle-ci regardait d'un autre côté et semblait rêver à autre chose; mais un sentiment de jalousie et d'orgueil blessé s'alluma dans l'âme italienne du comte. Il s'approcha d'eux et leur parla de choses indifférentes. Lorsqu'ils rentrèrent tous trois dans le salon, Buondelmonte remarqua tout haut que Metella avait été bien préoccupée, car elle n'avait pas fait allumer les bougies, et il se heurta à plusieurs meubles pour atteindre à une sonnette, ce qui acheva de le mettre de très mauvaise humeur.

Le jeune Olivier n'avait pas assez de fatuité pour s'imaginer qu'il pouvait consoler Metella de l'abandon de son amant. Quoiqu'elle ne lui eût fait aucune confidence, il avait pénétré facilement son chagrin, et il en voyait la cause. Il la plaignait sincèrement et l'en aimait davantage. Cette compassion, jointe à une sorte de ressentiment des persifflages du comte, lui inspirait l'envie de le contrarier. Il vit avec joie que le dépit avait pris la place de cette singulière affectation de courtoisie, et il reprit la conversation sur un ton de sentimentalité que le comte était peu disposé à goûter, et qui augmenta singulièrement sa mauvaise humeur. Metella, surprise de voir son amant capable encore d'un sentiment de jalousie, s'en réjouit, et, femme qu'elle était, se plut à l'augmenter en accordant beaucoup d'attention au Genevois. Si ce fut une scélératesse, elle fut excusable, et le comte l'avait bien méritée. Il devint âcre et querelleur, au point que lady Mowbray, qui vit Olivier très disposé à lui tenir tête, craignit une scène ridicule et fit entendre au jeune homme qu'il eût à se retirer. Olivier comprit fort bien, mais il affecta la gaucherie d'un campagnard, et parut ne se douter de rien jusqu'à ce que Metella lui eût dit tout bas : « Allez-vous-en, mon cher monsieur, je vous en prie. »

Olivier feignit de la regarder avec surprise.

« Allez, ajouta-t-elle, profitant d'un moment où le comte allait prendre le chapeau d'Olivier pour le lui présenter ; vous m'obligerez ; je vous reverrai...

— Madame, le comte s'apprête à me faire

une impertinence; il tient mon chapeau : je vais être obligé de le traiter de fat; que faut-il que je fasse?

— Rien; allez-vous-en et revenez demain soir. »

Olivier se leva : « Je vous demande pardon, monsieur le comte, dit-il; vous vous trompez, c'est mon chapeau que vous prenez pour le vôtre; veuillez me le rendre, je vais avoir l'honneur de vous saluer. »

Le comte, toujours prudent, non par absence de courage (il était brave), mais par habitude de circonspection et par crainte du ridicule, fut enchanté d'en être quitte ainsi. Il lui remit son chapeau et le quitta poliment; mais, dès qu'il fut parti, il le déclara souverainement insipide, mal appris et ridicule. « Je ne sais comment vous avez fait pour supporter ce personnage, dit-il à Metella; il faut que vous ayez une patience angélique.

— Mais il me semble, mon ami, que c'est

vous qui m'avez priée de l'inviter, et vous me l'avez laissé sur les bras ensuite.

— Depuis quand êtes-vous si Agnès, que vous ne sachiez pas vous débarrasser d'un fat importun? Vous n'êtes plus dans l'âge de la gaucherie et de la timidité. »

Métella se sentit vivement offensée de cette insolence; elle répondit avec aigreur, le comte s'emporta, et lui dit tout ce que depuis longtemps il n'osait pas lui dire. Metella comprit sa position, et, en s'éclairant sur son malheur, elle retrouva l'orgueil que son affection irréprochable envers le comte devait lui inspirer.

« Il suffit, monsieur, lui dit-elle; il ne fallait pas me faire attendre si longtemps la vérité. Vous m'avez trop fait jouer auprès de vous un rôle odieux et ridicule. Il est temps que je comprenne celui que mon âge et le vôtre m'imposent : je vous rends votre liberté. »

Il y avait longtemps que le comte aspirait à ce jour de délivrance; il lui avait semblé que le mot échappé aux lèvres de Metella le ferait bondir de joie. Il avait trop compté sur la force que nous donne l'égoïsme. Quand il entendit ce mot si étrange entre eux, quand il vit en face ce dénouement triste et honteux à une vie d'amour et de dévouement mutuels, il eut horreur de Metella et de lui-même; il demeura pâle et consterné. Puis un violent sentiment de colère et de jalousie s'empara de lui.

« Sans doute, s'écria-t-il, cet aveu vous tardait, madame! En vérité, vous êtes très jeune de cœur et je vous faisais injure en voulant compter vos années. Vous avez promptement rencontré le réparateur de mes torts et le consolateur de vos peines. Vous comptez recourir à lui pour oublier les maux que je vous ai causés, n'est-ce pas? Mais il n'en sera pas ainsi; demain un de nous deux, madame, sera près de vous. L'autre ne vous disputera plus jamais à personne. Dieu ou le sort décideront de votre joie ou de votre désespoir. »

Metella ne s'attendait point à cette bizarre fureur. La malheureuse femme se flatta d'être encore aimée; elle attribua tout ce que le comte lui avait dit d'abord à la colère. Elle se jeta dans ses bras, lui fit mille serments, lui jura qu'elle ne reverrait jamais Olivier, s'il le désirait, et le supplia de lui pardonner un instant de vanité blessée.

Le comte s'apaisa sans joie, comme il s'était emporté sans raison. Ce qu'il craignait le plus au monde était de prendre une résolution, dans l'état de contradiction continuelle où il était vis-à-vis de lui-même. Il fit des excuses à lady Mowbray, s'accusa de tous les torts, la conjura de ne pas lui retirer son affection et l'engagea à recevoir Olivier, dans la crainte qu'il ne soupçonnât ce qui s'était passé à cause de lui.

Le jour vint et termina enfin les orages

d'une nuit d'insomnie, de douleur et de colère. Ils se quittèrent réconciliés en apparence, mais tristes, découragés, incertains, et tellement accablés de fatigue l'un et l'autre, qu'ils comprenaient à peine leur situation.

Le comte dormit douze heures à la suite de cette rude émotion. Lady Mowbray s'éveilla assez tôt dans la journée; elle attendait Olivier avec inquiétude, elle ne savait comment lui expliquer ses paroles de la veille et la conduite de M. de Buondelmonte.

Il vint et se conduisit avec assez d'adresse pour rendre Metella plus expansive qu'elle ne l'avait résolu. Son secret lui échappa, et des larmes couvrirent son visage en avouant tout ce qu'elle avait souffert et tout ce qu'elle craignait d'avoir à souffrir encore.

Olivier s'attendrit à son tour, et, comme un excellent enfant qu'il était, il pleura avec lady Mowbray. Il est impossible, quand on est malheureux par suite de l'injustice d'autrui, de n'être pas reconnaissant de l'intérêt et de l'affection qu'on rencontre ailleurs. Il faudrait, pour s'en défendre, un stoïcisme ou une défiance qu'on n'a point dans ces moments-là. Metella fut touchée de la réserve délicate et des larmes silencieuses du jeune Olivier. Elle avait compris vaguement la veille qu'elle était aimée de lui, et maintenant elle en était sûre. Mais elle ne pouvait trouver dans cet amour qu'un faible allégement aux douleurs du sien.

Plusieurs semaines se passèrent dans cette incertitude. Le comte ne pouvait rallumer son amour, sans cesse prêt à s'éteindre, qu'au feu de la jalousie. Dès qu'il se trouvait seul avec sa maîtresse, il regrettait de ne l'avoir pas quittée lorsqu'elle le lui avait offert. Alors il ramenait son rival auprès d'elle, espérant qu'une autre affection consolerait Metella et la rendrait complice de son parjure. Mais dès qu'il lui semblait voir

Olivier gagner du terrain sur lui, sa vanité blessée et sans doute un reste d'amour pour lady Mowbray le rejetaient dans de violents accès de fureur. Il ne sentait le prix de sa maîtresse qu'autant qu'elle lui était disputée. Olivier comprit le caractère du comte et sa situation d'esprit. Il vit qu'il disputerait le cœur de Metella tant qu'il aurait un rival; il s'éloigna et alla passer quelque temps à Rome. Quand il revint, il trouva Metella au désespoir et presque entièrement délaissée. Son malheur était enfin livré au public, toujours avide de se repaître d'infortunes et de se réjouir la vue avec les chagrins qu'il ne sent pas; la désertion du comte et ses motifs rendirent le rôle de lady Mowbray fâcheux et triste. Les femmes s'en réjouissaient, et quoique les hommes la tinssent encore pour charmante et désirable, nul n'osait se présenter, dans la crainte d'être accepté comme un pis-aller. Olivier vint, et, comme il aimait sincèrement, il ne craignit pas d'être ridicule; il s'offrit non pas encore comme un amant, mais comme un ami sincère, comme un fils dévoué. Un matin, lady Mowbray quitta Florence sans qu'on sût où elle était allée; on vit encore le jeune Olivier pendant quelques jours dans les endroits publics, se montrant comme pour prouver qu'il n'avait pas enlevé lady Mowbray. Le comte lui en sut bon gré et ne lui chercha pas querelle. Au bout de la semaine, le Genevois disparut à son tour, sans avoir prononcé devant personne le nom de lady Mowbray.

Il la rejoignit à Milan, où, selon sa promesse, elle l'attendait; il la trouva bien pâle et bien près de la vieillesse. Je ne sais si son amour diminua, mais son amitié s'en accrut. Il se mit à ses genoux, baisa ses mains, l'appela sa mère, et la supplia de prendre courage.

« Oui, appelez-moi toujours votre mère, lui dit-elle; je dois en avoir pour vous la tendresse et l'autorité. Écoutez donc ce que ma conscience m'ordonne de vous dire dès aujourd'hui. Vous m'avez parlé souvent de votre affection, non pas seulement de celle qu'un généreux enfant peut avoir pour une vieille amie, mais vous m'avez parlé comme un jeune homme pourrait le faire à une femme dont il désire l'amour. Je crois, mon cher Olivier, que vous vous êtes trompé alors, et qu'en me voyant vieillir chaque jour vous serez bientôt désabusé. Quant à moi, je vous dirai la vérité. J'ai essayé de partager tous vos sentiments; je l'ai résolu, je vous l'ai presque promis. Je ne devais plus rien à Buondelmonte, et je me devais à moi-même de le laisser disposer de son avenir. J'ai quitté Florence dans l'espoir de me guérir de ce cruel amour, et d'en ressentir un plus jeune et plus enivrant avec vous. Eh bien! je ne vous dirai pas aujourd'hui que ma raison repousse cette imprudente alliance entre deux âges aussi différents que

le vôtre et le mien. Je ne vous dirai pas
non plus que ma conscience me défend d'accepter un dévouement dont vous vous repentiriez peut-être bientôt. Je ne sais pas à
quel point j'écouterais ma conscience et ma
raison, si l'amour était une fois rentré dans
mon cœur. Je sais que je suis encore malheureusement bien jeune au moral; mais
voici ma véritable raison. Olivier, n'en
soyez pas offensé, et songez que vous me remercierez un jour de vous l'avoir dite, et
que vous m'estimerez de n'avoir pas agi
comme une femme de mon âge, blessée dans
ses plus chères vanités, eût agi envers un
jeune homme tel que vous. Je suis femme,
et j'avoue qu'au milieu de mon désespoir j'ai
ressenti vivement l'affront fait à mon sexe et
à ma beauté passée. J'ai versé des larmes
de sang en voyant le triomphe de mes rivales, en essuyant les railleries de celles
qui sont jeunes aujourd'hui, et qui semblent
ignorer qu'elles passeront, et que demain

elles seront comme moi. Eh bien! Olivier, je me suis débattue contre ce dépit poignant; j'ai résisté aux conseils de mon orgueil, qui m'engageait à recevoir vos soins publiquement et à me parer de votre jeune amour comme d'un dernier trophée : je ne l'ai pas fait, et j'en remercie Dieu et ma conscience. Je vous dois aujourd'hui une dernière preuve de loyauté...

— Arrêtez, madame, dit Olivier, et ne m'ôtez pas tout espoir! Je sais ce que vous avez à me dire : vous aimez encore le comte de Buondelmonte, et vous voulez rester fidèle à la mémoire d'un bonheur qu'il a détruit. Je vous en vénère et vous en aime davantage; je respecterai ce noble sentiment, et j'attendrai que le temps et Dieu vous parlent en ma faveur. Si j'attends en vain, je ne regretterai pas de vous avoir consacré mes soins et mon respect. »

Lady Mowbray serra la main d'Olivier et l'appela son fils. Ils se rendirent à Genève, et Olivier tint ses promesses. Peut-être ne furent-elles pas très héroïques d'abord ; mais, au bout de six mois, Metella, apaisée par sa résignation et rétablie par l'air vif des montagnes, retrouva la fraîcheur et la santé qu'elle avait perdues. Ainsi qu'on voit, après les premières pluies de l'automne, recommencer une saison chaude et brillante, lady Mowbray entra dans son *été de la Saint-Martin;* c'est ainsi que les villageois appellent les beaux jours de novembre. Elle redevint si belle, qu'elle espéra avec raison jouir encore de quelques années de bonheur et de gloire. Le monde ne lui donna pas de démenti, et l'heureux Olivier moins que personne.

Ils avaient fait ensemble le voyage de Venise; et, à la suite des fêtes du carnaval, ils s'apprêtaient à revenir à Genève, lorsque le comte de Buondelmonte, tiré à la remorque par sa princesse allemande, vint passer une semaine dans la ville des doges. La princesse

Wilhelmine était jeune et vermeille; mais, lorsqu'elle lui eut récité une assez grande quantité de phrases apprises par cœur dans ses livres favoris, elle rentra dans un pacifique silence dont elle ne sortit plus que pour redire ses apologues et ses sentences accoutumées. Le pauvre comte se repentait cruellement de son choix et commençait à craindre une luxation de la mâchoire, s'il continuait à jouir de son bonheur, lorsqu'il vit passer dans une gondole Metella avec son jeune Olivier. Elle avait l'air d'une belle reine suivie de son page. La jalousie du comte se réveilla, et il rentra chez lui déterminé à passer son épée au travers de son rival. Heureusement pour lui ou pour Olivier, il fut saisi d'un accès de fièvre qui le retint au lit huit jours. Durant ce temps, la princesse Wilhelmine, scandalisée de l'entendre invoquer sans cesse dans son délire lady Mowbray, prit la route de Wurtemberg avec un chevalier d'industrie qui se donnait à Venise pour un prince grec, et qui, grâce à de fort belles moustaches noires et à un costume théâtral, passait pour un homme très vaillant. Pendant le même temps, lady Mowbray et Olivier quittèrent Venise sans avoir appris qu'ils avaient heurté la gondole du comte de Buondelmonte, et qu'ils le laissaient entre deux médecins, dont l'un le traitait pour une gastrite, et l'autre pour une affection cérébrale. A force de glace appliquée, par l'un sur l'estomac, et par l'autre sur la tête, le comte se trouva bientôt guéri des deux maladies qu'il n'avait pas eues, et, revenant à Florence, il oublia les deux femmes qu'il n'avait plus.

II.

UN matin, lady Mowbray, qui s'était fixée en Suisse, reçut une lettre datée de Paris; elle était de la supérieure d'un couvent de religieuses où Metella avait mis deux ou trois ans auparavant sa nièce, miss Sarah Mowbray, jeune orpheline *très intéressante,* comme le sont toutes les orphelines en général, et particulièrement celles qui ont de la fortune. La supérieure avertissait lady Mowbray que la maladie de langueur dont miss Sarah était atteinte depuis un an faisait des progrès assez sérieux pour que les médecins eussent prescrit le changement d'air et de lieu dans le plus court délai possible. Aussitôt après la réception de cette lettre, lady Mowbray demanda des chevaux de poste, fit faire à la hâte quelques paquets, et partit pour Paris dans la journée.

Olivier resta seul dans le grand château que lady Mowbray avait acheté près du lac Léman, et dans lequel depuis cinq ans il passait auprès d'elle tous les étés. C'était depuis ces cinq années la première fois qu'il se trouvait seul à la campagne, forcé, pour ainsi dire, de réfléchir et de contempler sa situation. Bien que le voyage de lady Mowbray dût être d'une quinzaine de jours tout au plus, elle avait semblé très affectée de cette séparation, et lui-même n'avait point accepté sans répugnance l'idée qu'un tiers allait venir se placer dans une intimité jusqu'alors si paisible et si douce. Le caractère romanesque d'Olivier n'avait pas changé; son cœur avait le même besoin d'affection, son esprit la même candeur qu'autrefois. Avait-il obéi à la loi du temps, et son amour pour lady Mowbray avait-il fait place à l'amitié? il n'en savait rien lui-même, et Metella n'avait jamais eu l'imprudence de l'interroger à cet égard. Elle jouissait de son affection sans l'analyser. Trop sage et trop juste pour n'en pas sentir le prix, elle s'appliquait à rendre douce et légère cette chaîne qu'Olivier portait avec reconnaissance et avec joie.

Metella était si supérieure à toutes les autres femmes, sa société était si aimable, son humeur si égale, elle était si habile à écarter de son jeune ami tous les ennuis ordinaires de la vie, qu'Olivier s'était habitué à une existence facile, calme, délicieuse tous les jours, quoique tous les jours semblable. Quand il fut seul, il s'ennuya horriblement, engendra malgré lui des idées sombres, et s'effraya de penser que lady Mowbray pouvait et devait mourir longtemps avant lui.

Metella retira sa nièce du couvent et reprit avec elle la route de Genève. Elle avait fait toutes choses si précipitamment dans ce voyage, qu'elle avait à peine vu Sarah; elle était partie de Paris le soir même de son arrivée. Ce ne fut qu'après douze heures de route que, s'éveillant au grand jour, elle jeta un regard attentif sur cette jeune fille étendue auprès d'elle dans le coin de sa berline.

Lady Mowbray écarta doucement la pelisse dont Sarah était enveloppée, et la regarda dormir. Sarah avait quinze ans; elle était pâle et délicate, mais belle comme un ange. Ses longs cheveux blonds s'échappaient de son bonnet de dentelle, et tombaient sur son cou blanc et lisse, orné çà et là de signes bruns semblables à de petites mouches de velours. Dans son sommeil, elle avait cette expression raphaélique qu'on avait si longtemps admirée dans Metella, et dont elle avait conservé la noble sérénité en dépit des années et des chagrins. En retrouvant sa beauté dans cette jeune fille, Metella éprouva comme un sentiment d'orgueil maternel. Elle se rappela son frère qu'elle avait tendrement aimé, et qu'elle avait promis de remplacer auprès du dernier rejeton de leur famille; lady Mowbray était le seul appui de Sarah, elle retrouvait dans ses traits le beau type de ses nobles ancêtres. En la lui rendant au couvent avec des larmes de regret, on lui avait dit que son caractère était angélique comme sa figure. Metella se sentit pénétrée d'intérêt et d'affection pour cette enfant; elle prit doucement sa petite main pour la réchauffer dans les siennes, et se penchant vers elle, elle la baisa au front.

Sarah s'éveilla, et à son tour regarda Metella; elle la connaissait fort peu et l'avait vue préoccupée la veille. Naturellement timide, elle avait osé à peine la regarder. Maintenant la voyant si belle, avec un sourire si doux et les yeux humides d'attendrissement, elle retrouva la confiance caressante de son âge et se jeta à son cou avec joie.

Lady Mowbray la pressa sur son cœur, lui parla de son père, le pleura avec elle; puis la consola, lui promit sa tendresse et ses soins, l'interrogea sur sa santé, sur ses goûts, sur ses études, jusqu'à ce que Sarah, un peu fatiguée du mouvement de la voiture, se rendormit à son côté.

Metella pensa à Olivier et l'associa intérieurement à la joie qu'elle éprouvait d'avoir auprès d'elle une si aimable enfant. Mais peu à peu ses idées prirent une teinte plus sombre; des conséquences qu'elle n'avait pas encore abordées se présentèrent à son esprit; elle regarda de nouveau Sarah, mais cette fois avec une inconcevable souffrance d'esprit et de cœur. La beauté de cette jeune fille lui fit amèrement sentir ce que la femme doit perdre de sa puissance et de son orgueil en perdant sa jeunesse. Involontairement elle mit sa main auprès de celle de Sarah : sa main était toujours belle; mais elle pensa à son visage, et regardant celui de sa nièce: « Quelle différence! pensa-t-elle; comment Olivier fera-t-il pour ne pas s'en apercevoir? Olivier est aussi beau qu'elle; ils vont s'admirer mutuellement; ils sont bons tous deux, ils s'aimeront... Et pourquoi ne s'aimeraient-ils pas? Ils seront frère et sœur; moi, je serai leur mère... La mère d'Olivier! Ne le faut-il pas? n'ai-je pas pensé cent fois qu'il en devait être ainsi? Mais déjà? Je ne m'attendais pas à trouver une jeune fille, une femme presque, dans cette enfant! Je n'avais pas prévu que ce serait une rivale...

Une rivale, ma nièce! mon enfant! Quelle horreur! Oh! jamais!»

Lady Mowbray cessa de regarder Sarah; car, malgré elle, sa beauté, qu'elle avait admirée tout à l'heure avec joie, lui causait maintenant un effroi insurmontable; le cœur lui battait; elle fatiguait son cerveau à trouver une pensée de force et de calme à opposer à ces craintes qui s'élevaient de toutes parts, et que, dans sa première consternation, elle exagérait sans doute. De temps en temps elle jetait sur Sarah un regard effaré, comme ferait un homme qui s'éveillerait avec un serpent dans la main. Elle s'effrayait surtout de ce qui se passait en elle; elle croyait sentir des mouvements de haine contre cette orpheline qu'elle devait, qu'elle voulait aimer et protéger: «Mon Dieu, mon Dieu! s'écriait-elle, vais-je devenir jalouse? Est-ce qu'il va falloir que je ressemble à ces femmes que la vieillesse rend cruelles, et qui se font une joie infâme de tourmenter leurs rivales? Est-ce une horrible conséquence de mes années que de haïr ce qui me porte ombrage? Haïr Sarah! la fille de mon frère! cette orpheline qui tout à l'heure pleurait dans mon sein!... Oh! cela est affreux, et je suis un monstre! »

« Mais non, ajoutait-elle, je ne suis pas ainsi; je ne peux pas haïr cette pauvre enfant; je ne peux pas lui faire un crime d'être belle! Je ne suis pas née méchante; je sens que ma conscience est toujours jeune, mon cœur toujours bon : je l'aimerai; je souffrirai quelquefois peut-être, mais je surmonterai cette folie... »

Mais l'idée d'Olivier amoureux de Sarah revenait toujours l'épouvanter, et ses efforts pour affronter une pareille crainte étaient infructueux. Elle en était glacée, atterée; et Sarah, en s'éveillant, trouvait souvent une expression si sombre et si sévère sur le visage de sa tante, qu'elle n'osait la regarder, et feignait de se rendormir pour cacher le malaise qu'elle en éprouvait.

Le voyage se passa ainsi, sans que lady Mowbray pût sortir de cette anxiété cruelle. Olivier ne lui avait jamais donné le moindre sujet d'inquiétude; il ne se plaisait nulle part loin d'elle, et elle savait bien qu'aucune femme n'avait jamais eu le pouvoir de le lui enlever; mais Sarah allait vivre près d'eux, entre eux deux, pour ainsi dire; il la verrait tous les jours; et, lors même qu'il ne lui parlerait jamais, il aurait toujours devant les yeux cette beauté angélique à côté de la beauté flétrie de lady Mowbray; lors même que cette intimité n'aurait aucune des conséquences que Metella craignait, il y en avait une affreuse, inévitable; ce serait la continuelle angoisse de cette âme jalouse, épiant les moindres chances de sa défaite, s'aigrissant dans sa souffrance, et devenant injuste et haïssable à force de soins pour se faire aimer! « Pourquoi m'exposerai-je gratuitement à ce tourment continuel? pensait Metella. J'étais si calme et si heureuse il y a huit jours! Je savais bien que mon bonheur ne pouvait pas être éternel; mais, du moins, il aurait pu durer quelque temps encore. Pourquoi faut-il que j'aille chercher une ennemie domestique, une pomme de discorde, et que je l'apporte précieusement au sein de ma joie et de mon repos, qu'elle va troubler et détruire peut-être à jamais? Je n'aurais qu'un mot à dire pour faire tourner bride aux postillons et pour reconduire cette petite fille à son couvent... Je retournerais plus tard à Paris pour la marier; Olivier ne la verrait jamais, et, si je dois perdre Olivier, du moins ce ne serait pas à cause d'elle! »

Mais l'état de langueur de Sarah, l'espèce de consomption qui menaçait sa vie, imposait à lady Mowbray le devoir de la soigner et de la guérir. Son noble caractère prit le dessus, et elle arriva chez elle sans avoir adressé une seule parole dure ou désobligeante à la jeune Sarah.

Olivier vint à leur rencontre sur un beau cheval anglais, qu'il fit caracoler autour de la voiture pendant deux lieues. En les abordant, il avait mis pied à terre, et il avait baisé la main de lady Mowbray en l'appelant, comme à l'ordinaire, sa chère maman. Lorsqu'il se fut éloigné de la portière, Sarah dit ingénument à lady Mowbray : « Ah mon Dieu ! chère tante, je ne savais pas que vous aviez un fils ; on m'avait toujours dit que vous n'aviez pas d'enfants ?

— C'est mon fils adoptif, Sarah, répondit lady Mowbray ; regardez-le comme votre frère. »

Sarah n'en demanda pas davantage, et ne s'étonna même pas ; elle regarda de côté Olivier, lui trouva l'air noble et doux ; mais réservée comme une véritable Anglaise, elle ne le regarda plus, et, durant huit jours, ne lui parla plus que par monosyllabes et en rougissant.

Ce que lady Mowbray voulait éviter par-dessus tout, c'était de laisser voir ses craintes à Olivier; elle en rougissait à ses propres yeux et ne concevait pas la jalousie qui se manifeste. Elle était Anglaise aussi, et fière au point de mourir de douleur plutôt que d'avouer une faiblesse. Elle affecta au contraire d'encourager l'amitié d'Olivier pour Sarah; mais Olivier s'en tint avec la jeune miss à une prévenance respectueuse, et la timide Sarah eût pu vivre dix ans près de lui sans faire un pas de plus.

Lady Mowbray se rassura donc, et commença à goûter un bonheur plus parfait encore que celui dont elle avait joui jusqu'alors. La fidélité d'Olivier paraissait inébranlable; il semblait ne pas voir Sarah lorsqu'il était auprès de Metella, et s'il la rencontrait seule dans la maison, il l'évitait sans affectation.

Une année s'écoula pendant laquelle Sarah, fortifiée par l'exercice et l'air des montagnes, devint tellement belle, que les jeunes gens de Genève ne cessaient d'errer autour du parc de lady Mowbray pour tâcher d'apercevoir sa nièce.

Un jour que lady Mowbray et sa nièce assistaient à une fête villageoise aux environs de la ville, un de ces jeunes gens s'approcha très près de Sarah et la regarda presque insolemment. La jeune fille effrayée saisit vivement le bras d'Olivier et le pressa sans savoir ce qu'elle faisait. Olivier se retourna et comprit en un instant le motif de sa frayeur. Il échangea d'abord des regards menaçants et bientôt des paroles sérieuses avec le jeune homme. Le lendemain, Olivier quitta le château de bonne heure et revint à l'heure du déjeuner; mais, malgré son air calme, lady Mowbray s'aperçut bientôt qu'il souffrait et le força de s'expliquer. Il avoua qu'il venait de se battre avec l'homme qui avait regardé insolemment miss Mowbray, et qu'il l'avait grièvement blessé; mais il l'était lui-même, et Metella l'ayant forcé de retirer sa main, qu'il tenait dans sa redingote, vit qu'il l'était assez sérieusement. Elle s'occupait avec anxiété des soins qu'il fallait donner à cette blessure lorsqu'en se retournant vers Sarah elle vit qu'elle s'était évanouie auprès de la fenêtre. Cette excessive sensibilité parut naturelle à Olivier, dans une personne d'une complexion aussi délicate; mais lady Mowbray y fit une attention plus marquée.

Lorsque Metella eut secouru sa nièce et qu'elle se trouva seule avec Olivier, elle lui demanda le motif et les détails de son affaire. Elle n'avait rien vu de ce qui s'était passé la veille; elle était dans ce moment à plusieurs pas en avant de sa nièce et d'Olivier, et donnait le bras à une autre personne. Olivier tâcha d'éluder ses questions, mais comme lady Mowbray le pressait de plus en plus, il raconta avec beaucoup de répugnance que miss Mowbray ayant été regardée insolemment par un jeune homme d'assez mauvais ton, il s'était placé entre elle et ce jeune homme; celui-ci avait affecté de se rapprocher encore pour le braver, et Olivier avait été forcé de le pousser rudement pour l'empêcher de froisser le bras de Sarah, qui se pressait tout effrayée contre son défenseur. Les deux adversaires s'étaient donc donné rendez-vous dans des termes que Sarah n'avait pas compris, et au bout d'une heure, après que les dames étaient montées en voiture, Olivier avait été retrouver le jeune homme et lui demander compte de sa conduite. Celui-ci avait soutenu son arrogance, et malgré les efforts des témoins de la scène pour l'engager à reconnaître son tort, il s'était obstiné à braver Olivier; il lui avait même fait entendre assez grossièrement qu'on le regardait comme l'amant de miss Sarah en même temps que celui de sa tante, et que, quand on promenait en public le scandale de pareilles relations, on devait être prêt à en subir les conséquences.

Olivier n'avait donc pas hésité à se constituer le défenseur de Sarah, et, tout en repoussant avec mépris ces imputations ignobles, il avait versé son sang pour elle. « Je suis prêt à recommencer demain, s'il le faut, dit-il à lady Mowbray que ces calomnies avaient jetée dans la consternation. Vous ne devez ni vous affliger ni vous effrayer ; votre nièce est sous ma protection, et je me conduirai comme si j'étais son père. Quant à vous, votre nom suffira auprès des gens de bien pour garder le sien à l'abri de toute atteinte. »

Lady Mowbray feignit de se calmer, mais elle ressentit une profonde douleur de l'affront fait à sa nièce. Ce fut dans ce moment qu'elle comprit toute l'affection que cette aimable enfant lui inspirait. Elle s'accusa de l'avoir amenée auprès d'elle pour la rendre victime de la méchanceté de ces provinciaux, et s'effraya de sa situation; car elle n'y voyait d'autre remède que d'éloigner Olivier de chez elle tant que Sarah y demeurerait.

L'idée d'un sacrifice au-dessus de ses forces, mais qu'elle croyait devoir à la réputation de sa nièce, la tourmenta secrètement sans qu'elle pût se décider à prendre un parti.

Elle remarqua quelques jours après que Sarah paraissait moins timide avec Olivier, et qu'Olivier, de son côté, lui montrait moins de froideur; lady Mowbray en souffrit, mais elle pensa qu'elle devait encourager cette amitié, au lieu de la contrarier; et elle la vit croître de jour en jour sans paraître s'en alarmer.

Peu à peu Olivier et Sarah en vinrent à une sorte de familiarité; Sarah, il est vrai, rougissait toujours en lui parlant, mais elle osait lui parler, et Olivier était surpris de lui trouver autant d'esprit et de naturel. Il avait eu contre elle une sorte de prévention qui s'effaçait de plus en plus. Il aimait à l'entendre chanter ; il la regardait souvent peindre des fleurs, et lui donnait des conseils. Il en vint même à lui montrer la botanique et à se promener avec elle dans le jardin. Un jour Sarah témoigna le regret de ne plus monter à cheval. Lady Mowbray, indisposée depuis quelque temps, ne pouvait plus supporter cette fatigue ; ne voulant pas priver sa nièce d'un exercice salutaire, elle pria Olivier de monter à cheval avec elle dans l'intérieur du parc, qui était fort grand, et où miss Mowbray pût se livrer à l'innocent plaisir de galoper pendant une heure ou deux tous les jours.

Ces heures étaient mortelles pour Metella. Après avoir embrassé sa nièce au front et lui avoir fait un signe d'amitié, en la voyant s'éloigner avec Olivier, elle restait sur le perron du château, pâle et consternée comme si elle les eût vus partir pour toujours; puis elle allait s'enfermer dans sa chambre et fondait en larmes. Elle s'enfonçait quelquefois furtivement dans les endroits les plus sombres du parc, et les apercevait au loin, lorsqu'ils franchissaient rapidement tous les deux les arcades de lumières qui terminaient le berceau des allées. Mais elle se cachait aussitôt dans la profondeur du taillis, car elle craignait d'avoir l'air de les observer, et rien au monde ne l'effrayait tant que de paraître ridicule et jalouse.

Un jour qu'elle était dans sa chambre et qu'elle pleurait, le front appuyé sur le balcon de sa fenêtre, Sarah et Olivier passèrent au galop; ils rentraient de leur promenade; les pieds de leurs chevaux soulevaient des tourbillons de sable; Sarah était rouge, animée, aussi souple, aussi légère que son cheval avec lequel elle ne semblait faire qu'un;

Olivier galopait à son côté; ils riaient tous les deux de ce bon rire franc et heureux de la jeunesse qui n'a pas d'autre motif qu'un besoin d'expansion, de bruit et de mouvement. Ils étaient comme deux enfants contents de crier et de se voir courir. Metella tressaillit et se cacha derrière son rideau pour les regarder. Tant de beauté, d'innocence et de douceur brillait sur leurs fronts, qu'elle en fut attendrie. « Ils sont faits l'un pour l'autre : la vie s'ouvre devant eux, pensa-t-elle, l'avenir leur sourit, et moi je ne suis plus qu'une ombre que le tombeau semble réclamer... » Elle entendit bientôt les pas d'Olivier qui approchait de sa chambre; s'asseyant précipitamment devant sa toilette, elle feignit de se coiffer pour le dîner.

Olivier avait l'air content et ouvert ; il lui baisa tendrement les mains, et lui remit de la part de Sarah, qui était allée se débarrasser de son amazone, un gros bouquet d'hépatiques qu'elle avait cueillies dans le parc. « Vous êtes do descendu de cheval? dit lady Mowbray.

— Oui, répondit-il; Sarah, en apercevant toutes ces fleurs dans la clairière, a voulu absolument vous en apporter, et, avant que j'eusse pris la bride de son cheval, elle avait sauté sur le gazon. Je lui ai servi de page, et j'ai tenu sa monture pendant qu'elle courait comme un petit chevreau après les fleurs et les papillons. Ma bonne Metella, votre nièce n'est pas ce que vous croyez. Ce n'est pas une petite fille, c'est une espèce d'oiseau déguisé. Je le lui ai dit, et je crois qu'elle rit encore.

— Je vois avec plaisir, dit lady Mowbray avec un sourire mélancolique, que ma Sarah est devenue gaie. Chère enfant! elle est si aimable et si belle!

— Oui, elle est jolie, dit Olivier, elle a une physionomie que j'aime beaucoup. Elle a l'air intelligent et bon; elle vous ressemble, Metella; je ne l'ai jamais tant trouvé qu'aujourd'hui. Elle a votre son de voix par instants.

— Je suis heureuse de voir que vous l'aimez enfin, cette pauvre petite! dit lady Mowbray. Dans les commencements, elle vous déplaisait, convenez-en?

— Non, elle me gênait et voilà tout.

— Et à présent, dit Metella en faisant un violent effort sur elle-même pour conserver un air calme et doux, vous voyez bien qu'elle ne vous gêne plus.

— Je craignais, dit Olivier, qu'elle ne fût pas avec vous ce qu'elle devait être; à présent je vois qu'elle vous comprend, qu'elle vous apprécie, et cela me fait plaisir. Je ne suis pas seul à vous aimer ici. Je puis parler de vous à quelqu'un qui m'entend, et qui vous aime autant qu'un autre que moi peut vous aimer.»

Sarah entra en cet instant en s'écriant : « Eh bien! chère tante, vous a-t-il remis le bouquet de ma part? C'est un méchant homme que M. votre fils. Il me l'a presque ôté de force pour vous l'apporter lui-même. Il est aussi jaloux que votre petit chien, qui pleure quand vous caressez ma chevrette. »

Lady Mowbray embrassa la jeune fille, et se dit qu'elle devait se trouver heureuse d'être aimée comme une mère.

Quelques jours après, tandis que les deux enfants de lady Mowbray (c'est ainsi qu'elle les appelait) faisaient leur promenade accoutumée, elle entra dans la chambre de Sarah pour prendre un livre et ramassa un petit coin de papier déchiré qui était sur le bord d'une tablette. Au milieu de mots interrompus qui ne pouvaient offrir aucun sens, elle lut distinctement le nom d'Olivier, suivi d'un grand point d'exclamation. C'était l'écriture de Sarah. Lady Mowbray jeta un regard sur les meubles. Le secrétaire et les tiroirs étaient fermés avec soin; toutes les clefs en étaient retirées. Il ne convenait pas au caractère de lady Mowbray de faire d'autre enquête. Elle sortit cependant pour résister aux suggestions d'une curiosité inquiète.

Lorsque Sarah rentra de la promenade, lady Mowbray remarqua qu'elle était fort pâle et que sa voix tremblait. Un sentiment d'effroi mortel passa dans l'âme de Metella. Elle remarqua pendant le dîner que Sarah avait pleuré, et le soir elle était si abattue et si triste qu'elle ne put s'empêcher de la questionner. Sarah répondit qu'elle était souffrante et demanda à se retirer.

Lady Mowbray interrogea Olivier sur sa promenade. Il lui répondit, avec le calme d'une parfaite innocence, que Sarah avait été fort gaie toute la première heure, qu'ensuite ils avaient été au pas et en causant ; qu'elle ne se plaignait d'aucune douleur, et que c'était lady Mowbray qui, en rentrant, l'avait fait apercevoir de sa pâleur.

En quittant Olivier, lady Mowbray, inquiète de sa nièce, se rendit à sa chambre, et, avant d'entrer, elle y jeta un coup d'œil par la porte entr'ouverte. Sarah écrivait. Au léger bruit que fit Metella, elle tressaillit et cacha précipitamment son papier, jeta sa plume et saisit un livre; mais elle n'avait pas eu le temps de l'ouvrir que lady Mowbray était auprès d'elle. « Vous écriviez, Sarah? lui dit-elle d'un ton grave et doux cependant.

— Non, ma tante, répondit Sarah dans un trouble inexprimable.

— Ma chère fille, est-il possible que vous me fassiez un mensonge? »

Sarah baissa la tête et resta toute tremblante.

« Qu'est-ce que vous écriviez, Sarah? continua lady Mowbray avec un calme désespérant.

— J'écrivais... une lettre, répondit Sarah au comble de l'angoisse.

— A qui, ma chère? continua Metella.

— A Fanny Hurst, mon amie de couvent.

— Cela n'a rien de répréhensible, ma chère; pourquoi donc vous cachiez-vous?

— Je ne me cachais pas, ma tante, » répondit Sarah en essayant de reprendre courage. Mais sa confusion n'échappa point au regard sévère de lady Mowbray.

« Sarah, lui dit-elle, je n'ai jamais surveillé votre correspondance. J'avais une telle confiance en vous que j'aurais cru vous outrager en vous demandant à voir vos lettres. Mais si j'avais pensé qu'il pût exister un secret entre vous et moi, j'aurais regardé comme un devoir de vous en demander l'aveu. Aujourd'hui, je vois que vous en avez un, et je vous le demande.

— O ma tante! s'écria Sarah éperdue.

— Sarah, si vous me refusiez, dit Metella avec beaucoup de douceur et en même temps de fermeté, je croirais que vous avez dans le cœur quelque sentiment coupable, et je n'insisterais pas; car rien n'est plus opposé à mon caractère que la violence.

Mais je sortirais de votre chambre le cœur navré, car je me dirais que vous ne méritez plus mon estime et mon affection.

— O ma chère tante, ma mère! ne dites pas cela, » s'écria miss Mowbray en se jetant tout en larmes aux pieds de Metella.

Metella craignit de se laisser attendrir; et, lui retirant sa main, elle rassembla toutes ses forces pour lui dire froidement : «Eh bien! miss Mowbray, refusez-vous de me remettre le papier que vous écriviez?»

Sarah obéit, voulut parler, et tomba demi-évanouie sur son fauteuil. Lady Mowbray résista au sentiment d'intérêt qui luttait chez elle contre un sentiment tout contraire. Elle appela la femme de chambre de Sarah, lui ordonna de la soigner, et courut s'enfermer chez elle pour lire la lettre. Elle était ainsi conçue :

« Je vous ai promis depuis longtemps, *dearest* Fanny, l'aveu de mon secret. Il est temps enfin que je tienne ma promesse.

Je ne pouvais pas confier au papier une chose si importante sans trouver un moyen de vous faire parvenir directement ma lettre. Maintenant je saisis l'occasion d'une personne que nous voyons souvent ici, et qui part pour Paris. Elle veut bien se charger de vous porter de ma part des minéraux et un petit herbier. Elle vous demandera au parloir et vous remettra le paquet et la lettre, qui de cette manière ne passera pas par les mains de madame la supérieure. Ne me grondez donc pas, ma chère amie, et ne dites pas que je manque de confiance en vous. Vous verrez, en lisant ma lettre, qu'il ne s'agit plus de bagatelles comme celles qui nous occupaient au couvent. Ceci est une affaire sérieuse, et que je ne vous confie pas sans un grand trouble d'esprit. Je crois que mon cœur n'est pas coupable, et cependant je rougis comme si j'allais paraître devant un confesseur. Il y a plusieurs jours que je veux vous écrire. J'ai fait plus de dix lettres que j'ai toutes déchirées; enfin je me décide; soyez indulgente pour moi, et si vous me trouvez imprudente et blâmable, reprenez-moi doucement.

« Je vous ai parlé d'un jeune homme qui demeure ici avec nous, et qui est le fils adoptif de ma tante. La première fois que je le vis, c'était le jour de notre arrivée; je fus tellement troublée que je n'osai pas le regarder. Je ne sais pas ce qui se passa en moi lorsqu'il entra à demi dans la calèche pour baiser les mains de ma tante; il le fit avec tant de tendresse que je me sentis tout émue, et que je compris tout de suite la bonté de son cœur; mais il se passa plus de six mois avant que je connusse sa figure, car je n'osai jamais le regarder autrement que de profil. Ma tante m'avait dit : Sarah, regardez Olivier comme votre frère. Je me livrais donc d'abord à une joie intérieure que je croyais très légitime. Il me semblait doux d'avoir un frère, et s'il m'eût traitée tout de suite comme sa sœur, peut-être n'aurais-je jamais songé à l'aimer autrement!... Hélas! vous voyez quel est mon malheur, Fanny; j'aime, et je crois que je ne serai jamais unie à celui que j'aime. Pour vous dire comment j'ai eu l'imprudence d'aimer ce jeune homme, je ne le puis pas; en vérité, je n'en sais rien moi-même, et c'est une bien affreuse fatalité. Imaginez-vous qu'au lieu de me parler avec la confiance et l'abandon d'un frère, il a passé plus d'un an sans m'adresser plus de trois paroles par jour, si bien que je crois que tous nos entretiens durant tout ce temps-là tiendraient à l'aise dans une page d'écriture. J'attribuais cette froideur à sa timidité; mais le croirez-vous? il m'a avoué depuis qu'il avait pour moi une espèce d'antipathie avant de me connaître. Comment peut-on haïr une personne qu'on n'a jamais vue et qui ne vous a fait aucun mal? Cette injustice aurait dû m'empêcher de prendre de l'attachement pour lui. Eh bien! c'est tout le contraire, et je commence à croire que l'amour est une chose tout-à-fait involontaire, une maladie de l'âme à laquelle tous nos raisonnements ne peuvent rien.

« J'ai été bien longtemps sans comprendre ce qui se passait en moi. J'avais tellement peur de M. Olivier que je croyais parfois avoir aussi de l'éloignement pour lui. Je le trouvais froid et orgueilleux, et cependant lorsqu'il parlait à ma tante il changeait tellement d'air et de langage, il lui rendait des soins si délicats, que je ne pouvais pas m'empêcher de le croire sensible et généreux.

« Une fois je passais au bout de la galerie, je le vis à genoux auprès de ma tante; elle l'embrassait, et tous deux semblaient pleurer. Je passai bien vite et sans qu'on m'aperçût; mais je ne saurais vous rendre l'émotion que cette scène touchante me causa. J'en fus agitée toute la nuit, et je me surpris plusieurs fois à désirer d'avoir l'âge de ma tante, afin d'être aimée comme une mère par celui qui ne voulait pas m'aimer comme une sœur.

« Je compris mes véritables sentiments à l'occasion du duel dont je vous ai parlé. Je ne vous ai pas nommé la personne qui me donnait le bras et qui se battit pour moi; je vous ai dit que c'était un ami de la maison : c'était M. Olivier. Lorsqu'il revint, il était fort pâle et tenait sa main dans sa redingote; ma tante se douta de la vérité et le força de nous la montrer. Je ne sais si cette main était ensanglantée. Il me sembla voir du sang sur le linge qui l'enveloppait et je sentis tout le mien se retirer vers mon cœur. Je m'évanouis, ce qui fut bien imprudent et bien malheureux; mais je crois qu'on ne se douta de rien. Quand je revis M. Olivier, je ne pus m'empêcher de le remercier de ce qu'il avait fait pour moi; et tout en voulant parler je me mis à pleurer comme une sotte. Je ne sais pourquoi je n'avais jamais pu me décider à le remercier devant ma tante. Peut-être que ce fut un mauvais sentiment qui me fit attendre un moment où j'étais seule avec lui. Je ne sais pas ce qu'il y avait de coupable à le faire, et cependant je me le suis toujours reproché comme une dissimulation envers lady Mowbray. J'avais espéré, je crois, être moins timide devant une seule personne que devant deux. Mais ce fut encore pis ; je sentis que j'étouffais, et j'eus comme un vertige, car je ne m'aperçus pas que M. Olivier me pressait les mains. Quand je revins à moi, mes mains étaient dans les siennes, et il me dit plusieurs choses que je n'entendis pas. Je sais seulement qu'il me dit en s'en allant : Ma chère miss Mowbray, je suis touché de votre amitié; mais en vérité, il ne faut pas que vous pleuriez pour cette égratignure. Depuis ce temps, sa conduite envers moi a été toute différente, et il a été d'une bonté et d'une obligeance qui ont achevé de me gagner le cœur. Il me donne des leçons, il corrige mes dessins, il fait de la musique avec moi ; ma tante semble prendre un grand plaisir à nous voir si unis. Elle nous fait monter à cheval ensemble, elle nous force à nous donner la main pour nous raccommoder, car il arrive souvent que tout en riant, nous finissons par nous disputer et nous bouder un peu. Moi, j'étais tout-à-fait à l'aise avec lui, j'étais heureuse, et j'avais la vanité de croire qu'il m'aimait. Il me le disait du moins, et je m'imaginais que, quand on s'aime seulement d'amitié, et qu'on se convient sous les rapports de la fortune et de l'éducation, il est tout simple qu'on se marie ensemble. La conduite de ma tante semblait autoriser en moi cette espérance, et je pensais qu'on me trouvait encore trop jeune pour m'en parler. Dans ces idées, j'étais aussi heureuse qu'il est permis de l'être; je ne désirais rien sur la terre que la continuation d'une semblable existence. Mais hélas! ce rêve s'est effacé, et le désespoir depuis ce matin... »

Ici la lettre avait été interrompue par l'arrivée de lady Mowbray.

Metella laissa tomber la lettre, et cachant son visage dans ses mains, elle resta plongée dans une morne consternation. Elle demeura ainsi jusqu'à une heure du matin, s'accusant de tout le mal et cherchant en vain comment elle pourrait le réparer. Enfin, elle céda à un besoin instinctif et se rendit à la chambre de sa nièce. Tout le monde dormait dans la maison; le temps était superbe, la lune éclairait en plein la façade du château, et répandait de vives clartés dans les galeries dont toutes les fenêtres étaient ouvertes. Metella les traversa lentement et sans bruit, comme une ombre qui glisse le long des murs. Tout à coup elle se trouva face à face avec Sarah qui, les pieds nus et vêtue d'un peignoir de mousseline blanche, allait à sa rencontre; elles ne se virent que quand elles traversèrent l'une et l'autre un angle lumineux des murs. Lady Mowbray surprise continua de s'avancer pour s'assurer que c'était Sarah; mais la jeune fille, voyant venir à elle cette grande femme pâle, traînant sur le pavé de la galerie sa longue robe de chambre en velours noir, fut saisie d'effroi. Cette figure morne et sombre ressemblait si peu à celle qu'elle avait habitude de voir à sa tante, qu'elle crut rencontrer un spectre et faillit tomber évanouie; mais elle fut aussitôt rassurée par la voix de lady Mowbray, qui était pourtant froide et sévère.

« Que faites-vous ici à cette heure, Sarah, et où allez-vous?

— Chez vous, ma tante, répondit Sarah sans hésiter.

— Venez, mon enfant, » lui dit lady Mowbray en prenant son bras sous le sien.

Elles regagnèrent en silence l'appartement de Metella. Le calme, la nuit et le chant joyeux des rossignols contrastaient avec la tristesse profonde dont ces deux femmes étaient accablées.

Lady Mowbray ferma les portes et attira sa nièce sur le balcon de sa chambre. Là elle s'assit sur une chaise et la fit asseoir à ses pieds sur un tabouret; elle attira sa tête sur ses genoux et prit ses mains dans les siennes, que Sarah couvrit de larmes et de baisers.

« Oh! ma tante, ma chère tante, pardonnez-moi, je suis coupable....

— Non, Sarah, vous n'êtes pas coupable, je n'ai qu'un reproche à vous faire, c'est d'avoir manqué de confiance en moi. Votre réserve a fait tout le mal, mon enfant; maintenant il faut être franche, il faut tout me dire... tout ce que vous savez...»

Lady Mowbray prononça ces paroles dans une angoisse mortelle; et en attendant la réponse de sa nièce elle sentit son front se couvrir de sueur. Sarah avait-elle découvert à quel titre Olivier vivait ou du moins avait vécu auprès d'elle durant plusieurs années? Lady Mowbray ne savait pas quelle raison Sarah pouvait avoir pour renoncer tout à coup à une espérance si longtemps nourrie en secret, et frémissait d'entendre sortir de sa bouche des reproches qu'elle croyait mériter. Un poids énorme fut ôté de son cœur lorsque Sarah lui répondit avec assurance : « Oui, ma tante, je vous dirai tout; que ne vous ai-je dit plus tôt mes folles pensées! Vous m'auriez empêchée de m'y livrer, car vous saviez bien que votre fils ne pouvait pas m'épouser...

— Mais, Sarah, quelles sont vos raisons pour le croire?... qui vous l'a donc dit?

— Olivier, répondit Sarah. Ce matin, nous causions de choses indifférentes dans le parc; nous étions près de la grille qui donne sur la route. Une noce vint à passer; nous nous arrêtâmes pour voir la figure des mariés; je remarquai qu'ils avaient l'air timide. « Ils ont l'air triste, répondit Olivier. Comment ne l'auraient-ils pas? Quelle chose stupide et misérable qu'un jour de noce! — Eh quoi! lui dis-je, vous voudriez qu'on se mariât en secret? Ce serait encore bien plus triste. — Je voudrais qu'on ne se mariât pas du tout, répondit-il; pour moi, j'ai le mariage en horreur et je ne me marierai jamais. » Oh! ma chère tante, cette parole m'enfonça un poignard dans le cœur; en même temps elle me sembla si extraordinaire que j'eus la hardiesse d'insister et de lui dire, en affectant de le plaisanter: « Vous ne savez guère ce que vous ferez à cet égard-là. » Il me répondit avec beaucoup d'empressement, et comme s'il eût eu l'intention de m'ôter toute présomption: « Soyez sûre de ce que je vous dis, miss; j'ai fait un serment devant Dieu, et je le tiendrai. » La honte et la douleur me rendirent silencieuse, et j'ai fait de vains efforts toute la journée pour cacher mon désespoir... »

Sarah fondit en larmes. Metella, soulagée d'une affreuse inquiétude, fut pendant quelques instants insensible à la douleur de sa nièce. Olivier n'aimait pas Sarah! En vain elle l'aimait, en vain elle était jeune, riche et belle; il ne voulait pas d'autre affection intime, pas d'autre bonheur domestique que celui qu'il avait goûté auprès de lady Mowbray. Un instant livrée à une reconnaissance égoïste, à une secrète gloire de son cœur enivré, elle laissa pleurer la pauvre Sarah et oublia que son triomphe avait fait une victime. Mais sa cruauté ne fut pas de longue de longue durée; la passion de lady Mowbray pour Olivier prenait sa source dans une âme chaleureuse, ouverte à toutes les tendresses qui embellissent les femmes. Elle aimait Sarah presque autant qu'Olivier, car elle l'aimait comme une mère aime sa fille. La vue de sa douleur brisa le cœur de Metella; elle avait bien des torts à se reprocher! Elle aurait dû prévoir les conséquences d'un rapprochement continuel entre ces deux jeunes gens. Déjà la malignité des voisins lui avait signalé un grave inconvénient de cette situation. Elle avait résisté à cet avertissement, et maintenant le bonheur de Sarah était compromis plus encore que sa réputation.

Elle la pressa dans ses bras en pleurant, et dans le premier instant de sa compassion et de sa tendresse elle pensa à lui sacrifier son amour.

« Non, lui dit-elle égarée par un sentiment de générosité exaltée, Olivier n'a pas fait de serment; il est libre, il peut vous épouser; qu'il vous aime, qu'il vous rende heureuse, et je vous bénirai tous deux. Ce ne sera pas moi qui m'opposerai à l'union de deux êtres qui sont ce que j'ai de plus cher au monde...

— Oh! je le crois bien, ma bonne tante! s'écria Sarah en se jetant de nouveau à son cou; mais c'est lui qui ne m'aime pas! Que faire à cela?

— Il ne vous a pas dit qu'il ne vous aimait pas? Est-ce qu'il vous l'a dit, Sarah?

— Non, mais pourquoi se dit-il engagé? Oh! peut-être qu'il l'est en effet. Il a quelque raison que vous ne connaissez pas! Il aime une femme, il est marié en secret peut-être?

— Je l'interrogerai, je saurai ce qu'il pense, répondit Metella; je ferai pour vous, ma fille, tout ce qui dépendra de moi. Si je ne puis rien, ma tendresse vous restera.

— Oh! oui, ma mère! toujours, toujours! » s'écria Sarah en se jetant à ses pieds.

Apaisée par les promesses hasardées de sa tante, Sarah se retira plus tranquille. Metella la mit au lit elle-même, lui fit prendre une potion calmante, et ne la quitta que quand elle eut cessé de soupirer dans son sommeil, comme font les enfants qui s'endorment en pleurant et qui sanglotent encore à demi en rêvant.

Lady Mowbray ne dormit pas; elle était rassurée sur certains points, mais à l'égard des autres elle était en proie à mille agitations, et ne voyait pas d'issue à la position délicate où elle avait placé la pauvre Sarah. La pensée d'engager Olivier à l'épouser n'avait pu prendre de consistance dans son esprit; vainement eût-elle sacrifié cette jalousie de femme qu'elle combattait si généreusement depuis plus d'une année. Il y a dans la vie des rapports qui deviennent aussi sacrés que si les lois les eussent sanctionnés, et Olivier lui-même n'eût pas pu oublier qu'il avait regardé Sarah comme sa fille.

Incapable de se retirer elle-même de cette perplexité, lady Mowbray résolut d'attendre quelques jours pour prendre un parti; elle chercha à se persuader que la passion de Sarah n'était peut-être pas aussi sérieuse que, dans ses romanesques confidences, la jeune fille se l'imaginait; ensuite, Olivier pouvait par sa froideur l'en guérir mieux que tous les raisonnements. Elle alla retrouver Sarah le lendemain, lui dit qu'elle avait réfléchi, et que le résultat de ses réflexions était celui-ci : il était impossible d'interroger Olivier sur ses intentions, et de lui demander l'explication de ses paroles de la veille sans lui laisser deviner l'impression qu'elles avaient produite sur miss Mowbray, et sans lui faire soupçonner l'importance qu'elle y attachait. « Dans la situation où vous êtes vis-à-vis de lui, dit-elle, le premier point, le plus important de tous, c'est de ne pas avouer que vous aimez sans savoir si l'on vous aime.

— Oh! certainement, ma tante, dit Sarah en rougissant.

— Il n'est pas besoin sans doute, mon enfant, que je fasse appel à votre pudeur et à votre fierté; l'une et l'autre doivent vous suggérer une grande prudence et beaucoup d'empire sur vous-même...

— Oh! certes, ma tante, repartit la jeune Anglaise avec un mélange d'orgueil et de douleur qui lui donna l'expression d'une vierge martyre de Schidone.

— Si mon fils, poursuivit Metella, est réellement lié au célibat par quelque engagement qu'il ne puisse pas confier, même à moi, il faudra bien, Sarah, que vous vous sépariez l'un de l'autre...

— Oh! s'écria Sarah effrayée, est-ce que vous me chasseriez de chez vous? est-ce qu'il faudrait retourner au couvent ou en Angleterre? Loin de lui, loin de vous, toute seule!... Oh! j'en mourrais! Après avoir été tant aimée!

— Non, dit Metella d'une voix grave, je ne t'abandonnerai jamais; je te suis nécessaire: nous sommes liées l'une à l'autre pour la vie. »

En parlant ainsi elle posa ses deux mains

sur la tête blonde de Sarah et leva les yeux au ciel d'un air solennel et sombre. En se consacrant à cette enfant de son adoption, elle sentait combien étaient terribles les devoirs qu'elle s'était imposés envers elle, puisqu'il faudrait peut-être lui sacrifier le bonheur de toute sa vie, la société d'Olivier.

« Me promettez-vous du moins, continua-t-elle, que si, après avoir fait tout ce qui dépendra de moi pour votre bonheur, je ne réussis pas à fermer cette plaie de votre âme, vous ferez tous vos efforts pour vous guérir? Ai-je affaire à une enfant romanesque et entêtée, ou bien à une jeune fille forte et courageuse?

— Doutez-vous de moi? dit Sarah.

— Non, je ne doute pas de toi ; tu es une Mowbray, tu dois savoir souffrir en silence... Allez vous coiffer, Sarah, et tâchez d'être aussi soignée dans votre toilette, aussi calme dans votre maintien, que de coutume.

Nous allons attendre quelques jours encore avant de décider de notre avenir. Jurez-moi que vous n'écrirez à aucune de vos amies, que je serai votre seule confidente, votre seul conseil, et que vous travaillerez à être digne de ma tendresse. »

Sarah jura, en pleurant, de faire tout ce que désirait sa tante; mais, malgré tous ses efforts, son chagrin fut si visible qu'Olivier s'en aperçut dès le premier instant. Il regarda lady Mowbray et trouva la même altération sur ses traits. Les vérités qu'il avait confusément entrevues brillèrent à son esprit; les pensées qui, par bouffées brûlantes, avaient traversé son cerveau à de rares intervalles, revinrent l'embraser. Il fut effrayé de ce qui se passait en lui et autour de lui; il prit son fusil et sortit. Après avoir tué quelques innocents gibiers, il rentra plus fort, trouva les deux femmes plus calmes, et la soirée s'écoula assez doucement. Quand on a l'habitude de vivre ensemble, quand on s'est compris si bien que durant longtemps toutes les idées, tous les intérêts de la vie privée ont été en commun, il est presque impossible que le charme des relations se rompe tout à coup sur une première atteinte. Les jours suivants virent donc se prolonger cette intimité, dont aucun des trois n'avait altéré la douceur par sa faute. Néanmoins la plaie allait s'élargissant dans le cœur de ces trois personnes. Olivier ne pouvait plus douter de l'amour de Sarah pour lui ; il en avait toujours repoussé l'idée, mais maintenant tout le lui disait, et chaque regard de Metella, quelle qu'en fût l'expression, lui en donnait une confirmation irrécusable. Olivier chérissait si réellement, si tendrement sa mère adoptive, il avait connu auprès d'elle une manière d'aimer si paisible et si bienfaisante, qu'il s'était cru incapable d'une passion plus vive ; il s'était donc livré en toute sécurité au danger d'avoir pour sœur une créature vraiment angélique. A mesure que ses sentiments pour Sarah devenaient plus vifs, il réussissait à se tranquilliser en se disant que Metella lui était toujours aussi chère; et en cela il ne se trompait pas; seulement pour l'une l'amour prenait la place de l'amitié, et pour l'autre l'amitié avait remplacé l'amour. L'âme de ce jeune homme était si bonne et si ardente qu'il ne savait pas se rendre compte de ce qu'il éprouvait.

Mais quand il crut s'en être assuré, il ne transigea point avec sa conscience; il résolut de partir. La tristesse de Sarah, sa douceur modeste, sa tendresse réservée et pleine d'une noble fierté, achevèrent de l'enthousiasmer; expansif et impressionnable comme il l'était, il sentit qu'il ne serait pas longtemps maître de son secret, et ce qui acheva de le déterminer, ce fut de voir que Metella l'avait deviné.

En effet, lady Mowbray connaissait trop bien toutes les nuances de son caractère, tous les plis de son visage, pour n'avoir pas pénétré, avant lui-même peut-être, ce qu'il éprouvait auprès de Sarah ; ce fut pour elle le dernier coup; car, en dépit de sa bonté, de son dévouement et de sa raison, elle aimait toujours Olivier comme aux premiers jours. Ses manières avec lui avaient pris cette dignité que le temps, qui sanctifie les affections, devait nécessairement apporter ; mais le cœur de cette femme infortunée était aussi jeune que celui de Sarah. Elle devint presque folle de douleur et d'incertitude : devait-elle laisser sa nièce courir les dangers d'une passion partagée ? devait-elle favoriser un mariage qui lui semblait contraire à toute délicatesse d'esprit et de mœurs? Mais pouvait-elle s'y opposer, si Olivier et Sarah le désiraient tous deux ? Cependant il fallait s'expliquer, sortir de ces perplexités, interroger Olivier sur ses intentions; mais à quel titre? Etait-ce l'amante désespérée d'Olivier, ou la mère prudente de Sarah, qui devait provoquer un aveu aussi difficile à faire pour lui?

Un soir, Olivier parla d'un voyage de quelques jours qu'il allait faire à Lyon; lady Mowbray, dans la position désespérée où elle était réduite, accepta cette nouvelle avec joie, comme un répit accordé à ses souffrances. Le lendemain, Olivier fit seller son cheval pour aller à Genève, où il devait prendre la poste. Il vint à l'entrée du salon prendre congé des dames; Sarah, dont il baisa la main pour la première fois de sa vie, fut si troublée qu'elle n'osa pas lever les yeux sur lui; Metella, au contraire, l'observait attentivement; il était fort pâle et calme comme un homme qui accomplit courageusement un devoir rigoureux. Il embrassa lady Mowbray, et alors sa force parut l'abandonner; des larmes roulèrent dans ses yeux, sa main trembla convulsivement en lui glissant une lettre humide...

Il se précipita dehors, monta à cheval et partit au galop. Metella resta sur le perron jusqu'à ce qu'elle n'entendit plus les pas de son cheval. Alors elle mit une main sur son cœur, pressa le billet de l'autre, et comprit que tout était fini pour elle.

Elle rentra dans le salon. Sarah, penchée sur sa broderie, feignait de travailler pour prouver à sa tante qu'elle avait du courage et savait tenir sa promesse; mais elle était aussi pâle que Metella, et comme elle, elle ne sentait plus battre son cœur.

Lady Mowbray traversa le salon sans lui adresser une parole; elle monta dans sa chambre et lut le billet d'Olivier.

« Je pars, vous ne me reverrez plus, à moins que dans plusieurs années... et lorsque miss Mowbray sera mariée!... Ne me demandez pas pourquoi il faut que je vous quitte; si vous le savez, ne m'en parlez jamais! »

Metella crut qu'elle allait mourir, mais elle éprouva ce que la nature a de force contre le chagrin. Elle ne put pleurer, elle étouffait; elle eut envie de se briser la tête contre les murs de sa chambre; et puis elle pensa à Sarah, et elle eut un instant de haine et de fureur.

« Maudit soit le jour où tu es entrée ici! s'écria-t-elle. La protection que je t'ai accordée me coûte cher, et mon frère m'a légué la robe de Déjanire!»

Elle entendit Sarah qui approchait, et se calma aussitôt; la vue de cette aimable créature réveilla sa tendresse, elle lui tendit ses bras.

« O mon Dieu! qu'est-ce qui nous arrive? s'écria Sarah épouvantée. Ma tante, où est allé Olivier?

— Il va voyager pour sa santé, répondit lady Metella avec un sourire mélancolique, mais il reviendra; ayons courage, restons ensemble, aimons-nous bien. »

Sarah sut renfermer ses larmes; Metella reporta sur elle toute son affection. Olivier ne revint pas : Sarah ne sut jamais pourquoi.

FIN DE METELLA.

MATTEA.

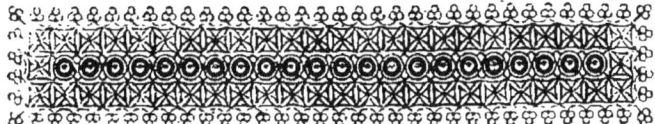

MATTEA.

I.

Le temps devenait de plus en plus menaçant, et l'eau, teinte d'une couleur de mauvais augure que les matelots connaissent bien, commençait à battre violemment les quais et à entrechoquer les gondoles amarrées aux degrés de marbre blanc de la

Piazzetta. Le couchant, barbouillé de nuages, envoyait quelques lueurs d'un rouge vineux à la façade du palais ducal, dont les découpures légères et les niches aiguës se dessinaient en aiguilles blanches sur un ciel couleur de plomb. Les mâts des navires à l'ancre projetaient sur les dalles de la rive des ombres grêles et gigantesques, qu'effaçait une à une le passage des nuées sur la face du soleil. Les pigeons de la république s'envolaient épouvantés, et se mettaient à l'abri sous le dais de marbre de vieilles statues, sur l'épaule des saints et sur les genoux des madones. Le vent s'éleva, fit claquer les banderoles du port, et vint s'attaquer aux boucles raides et régulières de la perruque de ser Zacomo Spada, comme si c'eût été la crinière métallique du lion de Saint-Marc ou les écailles de bronze du crocodile de Saint-Théodore.

Ser Zacomo, insensible à ce tapage inconvenant, se promenait le long de la colonnade avec un air de préoccupation majestueuse. De temps en temps il ouvrait sa large tabatière d'écaille blonde doublée d'or, et y plongeait ses doigts qu'il flairait ensuite avec recueillement, bien que le malicieux sirocco eût depuis longtemps mêlé les tourbillons de son tabac d'Espagne à ceux de la poudre enlevée à son chef vénérable. Enfin, quelques larges gouttes de pluie se faisant sentir à travers ses bas de soie, et un coup de vent ayant fait voler son chapeau et rabattu sur son visage la partie postérieure de son manteau, il commença à s'apercevoir de l'approche d'une de ces bourrasques qui arrivent à l'improviste sur Venise au milieu des plus sereines journées d'été, et qui font en moins de cinq minutes un si terrible dégât de vitres, de cheminées, de chapeaux et de perruques.

Ser Zacomo Spada, s'étant débarrassé non sans peine des plis du camelot noir que le vent plaquait sur son visage, se mit à courir après son chapeau aussi vite que purent lui permettre sa gravité sexagénaire et les nombreux embarras qu'il rencontrait sur son chemin. Ici un brave bourgeois, qui, ayant eu la malhèureuse idée d'ouvrir son parapluie et s'apercevant bien vite que rien n'était moins à propos, faisait de furieux efforts pour le refermer et s'en allait avec lui à reculons vers le canal; là, une vertueuse matrone occupée à contenir l'insolence de l'orage engouffré dans ses jupes; plus loin, un groupe de bateliers empressés de délier leurs barques et d'aller les mettre à l'abri sous le pont le plus voisin; ailleurs un marchand de gâteaux de maïs courant après sa vile marchandise comme ser Zacomo après son excellent couvrechef. Après bien des peines, le digne marchand de soieries parvint à l'angle de la colonnade du palais ducal où le fugitif s'était réfugié; mais au moment où il pliait un genou et allongeait un bras pour s'en emparer, le maudit chapeau repartit sur l'aile vagabonde du sirocco, et prit son vol le long de la rive des Esclavons, côtoyant le canal avec beaucoup de grâce et d'adresse.

Le marchand de soieries fit un gros soupir, croisa un instant les bras sur sa poitrine d'un air consterné, puis s'apprêta courageusement à poursuivre sa course, tenant d'une main sa perruque pour l'empêcher de suivre le mauvais exemple, de l'autre serrant les plis de son manteau qui s'entortillait obstinément autour de ses jambes. Il parvint ainsi au pied du pont de la Paille; et il mettait de nouveau la main sur son tricorne, lorsque l'ingrat, faisant une nouvelle gambade, traversa le petit canal des Prisons sans le secours d'aucun pont ni d'aucun bateau, et s'abattit comme une mouette sur l'autre rive. « Au diable le chapeau! s'écria ser Zacomo découragé; avant que je n'aie traversé un pont, il aura franchi tous les canaux de la ville. En profite qui voudra!... »

Une tempête de rires et de huées répondit en glapissant à l'exclamation de ser Zacomo. Il jeta autour de lui un regard courroucé, et se vit au milieu d'une troupe de polissons qui, sous leurs guenilles et avec leurs mines sales et effrontées, imitaient son attitude tragique et le froncement olympien de son sourcil. « Canaille! s'écria le brave homme en riant à demi de leurs singeries et de sa propre mésaventure, prenez garde que je ne saisisse l'un de vous par les oreilles et que je ne le lance avec mon chapeau au milieu des lagunes! »

En proférant cette menace, ser Zacomo voulut faire le moulinet avec sa canne; mais comme il levait le bras avec une noble fureur, ses jambes perdirent l'équilibre; il était près de la rive, et il abandonna le pavé pour aller tomber...

II.

Heureusement la gondole de la princesse Veneranda se trouvait là, arrêtée par un embarras de barques chioggiotes et faisait de vains efforts de rames pour les dépasser. Ser Zacomo, se voyant lancé, ne songea plus qu'à tomber le plus décemment possible, tout en se recommandant à la Providence, laquelle, prenant sa dignité de père de famille et de marchand de soieries en considération, daigna lui permettre d'aller s'abattre aux pieds de la princesse Veneranda, et de ne point chiffonner trop malhonnêtement le panier de cette illustre personne.

Néanmoins la princesse, qui était fort nerveuse, jeta un grand cri d'effroi, et les polissons pressés sur la rive applaudirent et trépignèrent de joie. Ils restèrent là tant que leurs huées et leurs rires purent atteindre le malheureux Zacomo, que la gondole emportait trop lentement à travers la mêlée d'embarcations qui encombraient le canal.

La princesse grecque Veneranda Gica était une personne sur l'âge de laquelle les commentateurs flottaient irrésolus, du chiffre quarante au chiffre soixante. Elle avait la taille fort droite, bien prise dans un corps baleiné, d'une rigidité majestueuse. Pour se dédommager de cette contrainte, où, par amour de la ténuité, elle condamnait une partie de ses charmes, et pour paraître encore jeune et folâtre, elle remuait à tout propos les bras et la tête, de sorte qu'on ne pouvait être assis près d'elle sans recevoir au visage à chaque instant son éventail ou ses plumes. Elle était d'ailleurs bonne, obligeante, généreuse jusqu'à la prodigalité, romanesque, superstitieuse, crédule et faible. Sa bourse avait été exploitée par plus d'un charlatan, et son cortége avait été grossi de plus d'un chevalier d'industrie. Mais sa vertu était sortie pure de ces dangers, grâce à une froideur excessive d'organisation que les puérilités de la coquetterie avaient fait passer à l'état de maladie chronique.

Ser Zacomo Spada était sans contredit le plus riche et le plus estimable marchand de soieries qu'il y eût dans Venise. C'était un de ces véritables amphibies qui préfèrent leur île de pierre au reste du monde qu'ils n'ont jamais vu, et qui croiraient manquer à l'amour et au respect qu'ils lui doivent s'ils cherchaient à acquérir la moindre connaissance de ce qui existe au-delà. Celui-ci se vantait de n'avoir jamais mis le pied en terre ferme, et de ne s'être jamais assis dans un carrosse. Il possédait tous les secrets de son commerce et savait au juste quel îlot de l'Archipel ou quel canton de la Calabre élevait les plus beaux mûriers et filait les meilleures soies. Mais là se bornaient absolument ses notions sur l'histoire naturelle terrestre. Il ne connaissait de quadrupèdes que les chiens et les chats, et n'avait vu de bœuf que coupé par morceaux dans le bateau du boucher. Il avait des chevaux une idée fort incertaine, pour en avoir vu deux fois dans sa vie à de certaines solennités, où, pour divertir et surprendre le peuple, le sénat avait permis à des troupes de bateleurs d'en amener quelques-uns sur le quai des

Esclavons. Mais ils étaient si bizarrement et si pompeusement enharnachés, que ser Zacomo et beaucoup d'autres avaient pu penser que leurs crins étaient naturellement tressés et mêlés de fils d'or et d'argent. Quant aux touffes de plumes rouges et blanches dont on les avait couronnés, il était hors de doute qu'elles appartenaient à leurs têtes, et ser Zacomo, en faisant à sa famille la description du cheval, déclarait que cet ornement naturel était ce qu'il y avait de plus beau dans l'animal extraordinaire apporté de la terre ferme. Il le rangeait d'ailleurs dans l'espèce du bœuf, et encore aujourd'hui beaucoup de Vénitiens ne connaissent pas le cheval sous une autre denomination que celle de bœuf sans cornes, *bue senza corni*.

Ser Zacomo était méfiant à l'excès, quand il s'agissait de risquer un sequin dans une affaire, crédule comme un enfant, et capable de se ruiner quand on savait s'emparer de son imagination que l'oisiveté avait rendue fort impressionnable; laborieux et actif, mais indifférent à toutes les jouissances que pouvaient lui procurer ses bénéfices; amoureux de l'or monnayé et *dilettante di musica*, bien qu'il eût la voix fausse et battît toujours la mesure à contre-temps; doux, souple, et assez adroit pour régner au moins sur son argent sans trop irriter une femme acariâtre; pareil d'ailleurs à tous ces vrais types de sa patrie, qui participent au moins autant de la nature du polype que de celle de l'homme.

Il y avait bien une trentaine d'années que M. Spada fournissait des étoffes et des rubans à la toilette effrénée de la princesse Gica; mais il se gardait bien de savoir le compte des ans écoulés lorsqu'il avait l'honneur de causer avec elle, ce qui lui arrivait assez souvent, d'abord parce que la princesse se livrait volontiers avec lui au plaisir de babiller, le plus doux qu'une femme grecque connaisse, ensuite parce que Venise a eu en tout temps les mœurs faciles et familières qui n'appartiennent guère en France qu'aux petites villes, et que notre grand monde, plus collet-monté, appellerait du commérage de mauvais ton.

Après s'être fait expliquer l'accident qui avait lancé M. Zacomo à ses pieds, la princesse Veneranda le fit donc asseoir sans façon auprès d'elle, et le força, malgré ses humbles excuses, d'accepter un abri sous le drap noir de sa gondole, contre la pluie et le vent qui faisaient rage, et qui autorisaient suffisamment un tête-à-tête entre un vieux marchand sexagénaire et une jeune princesse qui n'avait pas plus de cinquante-cinq ans.

« Vous viendrez avec moi jusqu'à mon palais, lui avait-elle dit, et mes gondoliers vous conduiront jusqu'à votre boutique. » Et, chemin faisant, elle l'accablait de questions sur sa santé, sur ses affaires, sur sa femme, sur sa fille, questions pleines d'intérêt, de bonté, mais surtout de curiosité; car on sait que les dames de Venise, passant leurs jours dans l'oisiveté, n'auraient absolument rien à dire le soir à leurs amants ou à leurs amis si elles ne s'étaient fait le matin un petit recueil d'anecdotes plus ou moins puériles.

Ser Spada, d'abord très honoré de ces questions, y répondit moins nettement, et se troubla lorsque la princesse entama le chapitre du prochain mariage de sa fille. « Mattea, lui disait-elle pour l'encourager à répondre, est la plus belle personne du monde; vous devez être bien heureux et bien fier d'avoir une si charmante enfant. Toute la ville en parle, et il n'est bruit que de son air noble et de ses manières distinguées. Voyons, Spada, pourquoi ne me parlez-vous pas d'elle comme à l'ordinaire? Il me semble que vous avez quelque chagrin, et je gagerais que c'est à propos de Mattea; car, chaque fois que je prononce son nom, vous froncez le sourcil comme un homme qui souffre. Voyons, voyons ; contez-moi cela. Je suis l'amie de votre petite famille ; j'aime Mattea de tout mon cœur, c'est ma filleule ; j'en suis fière. Je serais bien fâchée qu'elle fût pour vous un sujet de contrariété, et vous savez que j'ai droit de la morigéner. Aurait-elle une amourette? refuserait-elle d'épouser son cousin Checo? »

M. Spada, dont toutes ces interrogations augmentaient terriblement la souffrance, essaya respectueusement de les éluder; mais Veneranda, ayant flairé là l'odeur d'un secret, s'acharnait à sa proie, et le bonhomme, quoique assez honteux de ce qu'il avait à dire, ayant une juste confiance en la bonté de la princesse, et d'ailleurs aimant à parler comme un Vénitien, c'est-à-dire presque autant qu'une Grecque, se résolut à confesser le sujet de sa préoccupation.

« Hélas ! brillante excellence (*chiarissima*), dit-il en prenant une prise de tabac imaginaire dans sa tabatière vide, c'est en effet ma fille qui cause le chagrin que je ne puis dissimuler. Votre seigneurie sait bien que Mattea est en âge de songer à autre chose qu'à des poupées.

— Sans doute, sans doute, elle a tantôt cinq pieds de haut, répondit la princesse, la plus belle taille qu'une femme puisse avoir; c'est précisément ma taille. Cependant elle n'a pas plus de quatorze ans; c'est ce qui la rend un peu excusable, car après tout c'est encore un enfant incapable d'un raisonnement sérieux. D'ailleurs le précoce développement de sa beauté doit nécessairement lui donner quelque impatience d'être mariée.

— Hélas! reprit ser Zacomo, votre seigneurie sait combien ma fille est admirée, non-seulement par tous ceux qui la connaissent, mais encore par tous ceux qui passent devant notre boutique. Elle sait que les plus élégants et les plus riches seigneurs s'arrêtent des heures entières devant notre porte, feignant de causer entre eux ou d'attendre quelqu'un, pour jeter de fréquents regards sur le comptoir où elle est assise auprès de sa mère. Plusieurs viennent marchander mes étoffes pour avoir le plaisir de lui adresser quelques mots, et ceux qui ne sont point mal appris achètent toujours quelque chose, ne fût-ce qu'une paire de bas de soie; c'est toujours cela. Dame Loredana, mon épouse, qui certes est une femme alerte et vigilante, avait élevé cette pauvre enfant dans de si bons principes que jamais jusqu'ici on n'avait vu une fille si réservée, si discrète et si honnête; toute la ville en témoignerait.

— Certes, reprit la princesse, il est impossible d'avoir un maintien plus convenable que le sien, et j'entendais dire l'autre jour dans une soirée que la Mattea était une des plus belles personnes de Venise, et que sa beauté était rehaussée par un certain air de noblesse et de fierté qui la distinguait de toutes ses égales et la faisait paraître comme une princesse au milieu d'un troupeau de soubrettes.

— Cela est vrai, par le Christ, vrai! répéta ser Zocomo d'un ton mélancolique. C'est une fille qui n'a jamais perdu son temps à s'attifer de colifichets, chose qui ne convient qu'aux dames de qualité; toujours propre et bien peignée dès le matin, et si tranquille, si raisonnable, qu'il n'y a pas un cheveu de dérangé à son chignon dans toute une journée; économe, laborieuse, et douce comme une colombe, ne répondant jamais pour se dispenser d'obéir, silencieuse, et c'est un miracle, étant fille de ma femme; enfin un diamant, un vrai trésor. Ce n'est pas la coquetterie qui l'a perdue, car elle ne faisait nulle attention à ses admirateurs, pas plus aux honnêtes gens qui venaient acheter dans ma boutique qu'aux godelureaux qui en encombraient le seuil pour la regarder. Ce n'est pas non plus l'impatience d'être mariée, car elle sait qu'elle a à Mantoue un mari tout prêt, qui n'attend qu'un mot pour venir lui faire sa cour. Eh bien! malgré tout cela, voilà que du jour au lendemain, et sans avertir personne, elle s'est monté la tête pour quelqu'un que je n'ose pas seulement nommer.

— Pour qui? grand Dieu! s'écria Veneranda; est-ce le respect ou l'horreur qui glace ce nom sur vos lèvres? est-ce de votre vilain bossu garçon de boutique? est-ce du doge que votre fille est éprise?

— C'est pis que tout ce que votre excellence peut imaginer, répondit ser Zacomo en s'essuyant le front; c'est d'un mécréant, c'est d'un idolâtre, c'est du Turc Abul!

— Qu'est-ce que cet Abul? demanda la princesse.

— C'est, répondit Zacomo, un riche fabricant de ces belles étoffes de soie de Perse, brochées d'or et d'argent, que l'on façonne à l'île de Scio, et que votre excellence aime à trouver dans mon magasin.

— Un Turc! s'écria Veneranda, sainte madone! c'est en effet bien déplorable, et je n'y conçois rien. Amoureuse d'un Turc, ô Spada! cela ne peut pas être ; il y là-dessous quelque mystère. Quant à moi, j'ai été, dans mon pays, poursuivie par l'amour des plus beaux et des plus riches d'entre eux, et je n'ai jamais eu que de l'horreur pour ces gens-là. Oh! c'est que je me suis recommandée à Dieu dès l'âge où ma beauté m'a mise en danger, et qu'il m'a toujours préservée. Mais sachez que tous les musulmans sont voués au diable, et qu'ils possèdent tous des amulettes ou des philtres au moyen desquels beaucoup de chrétiennes renient le vrai Dieu pour se jeter dans leurs bras. Soyez sûr de ce que je vous dis.

— N'est-ce pas une chose inouïe, un de

ces malheurs qui ne peuvent arriver qu'à moi? dit M. Spada. Une fille si belle et si honnête!

— Sans doute, sans doute, reprit la princesse; il y a de quoi s'étonner et s'affliger. Mais, je vous le demande, comment a pu s'opérer un pareil sortilége!

— Voilà ce qu'il m'est impossible de savoir. Seulement, s'il y a un charme jeté sur ma fille, je crois pouvoir en accuser un infâme serpent, appelé Timothée, Grec esclavon qui est au service de ce Turc, et qui vient souvent avec lui dans ma maison pour servir d'interprète entre lui et moi; car ces mahométans ont une tête de fer, et depuis cinq ans qu'Abul vient à Venise, il ne parle pas plus chrétien que le premier jour. Ce n'est donc pas par les oreilles qu'il a séduit ma fille, car il s'assied dans un coin et ne dit mot non plus qu'une pierre. Ce n'est pas par les yeux; car il ne fait pas plus attention à elle que s'il ne l'eût pas encore aperçue. Il faut donc en effet, comme votre excellence le remarque et comme je l'avais déjà pensé, qu'il y ait une cause surnaturelle à cet amour-là; car de tous les hommes dont Mattea est entourée, ce damné est le dernier auquel une fille sage et prudente comme elle aurait dû songer. On dit que c'est un bel homme; quant à moi, il me semble fort laid avec ses grands yeux de chouette et sa longue barbe noire.

— Mon cher monsieur, interrompit la princesse, il y a du sortilége là-dedans. Avez-vous surpris quelque intelligence entre votre fille et ce Grec Timothée?

— Certainement. Il est si bavard, qu'il parle même avec *Tisbé*, la chienne de ma femme, et il adresse très souvent la parole à ma fille, pour lui dire des riens, des âneries qui la feraient bâiller, dites par un autre, mais qu'elle accueille fort bien de la part de Timothée; c'est au point que nous avons cru d'abord qu'elle était amoureuse du Grec, et comme c'est un homme de rien, nous en étions fâchés. Hélas ! ce qui lui arrive est bien pis !

— Et comment savez-vous que c'est du Turc et non pas du Grec que votre fille est amoureuse ?

— Parce qu'elle nous l'a dit elle-même ce matin. Ma femme la voyant maigrir, devenir triste, indolente et distraite, avait pensé que c'était le désir d'être mariée qui la tourmentait ainsi, et nous avions décidé que nous ferions venir son prétendu sans lui rien dire. Ce matin, elle vint m'embrasser d'un air si chagrin et avec un visage si pâle, que je crus lui faire plaisir en lui annonçant la prochaine arrivée de Checo. Mais, au lieu de se réjouir, elle hocha la tête d'une manière qui fâcha ma femme, laquelle, il faut l'avouer, est un peu emportée et traite quelquefois sa fille trop sévèrement. « Qu'est-ce à dire ? lui demanda-t-elle ; est-ce ainsi que l'on répond à son papa ? — Je n'ai rien répondu, dit la petite. — Vous avez fait pis, dit la mère, vous avez témoigné du dédain pour la volonté de vos parents. — Quelle volonté? demanda Mattea. — La volonté que vous receviez bien Checo, répondit ma femme; car vous savez qu'il doit être votre mari, et je n'entends pas que vous le tourmentiez de mille caprices, comme font les petites personnes d'aujourd'hui, qui meurent d'envie de se marier, et qui, pour jouer les précieuses, font perdre la tête à un pauvre fiancé par des fantaisies et des simagrées de toute sorte. Depuis quelque temps vous êtes devenue fort bizarre et fort insupportable, je vous en avertis, etc., etc. » Votre excellence peut imaginer tout ce que dit ma femme, elle a une si brave langue dans la bouche. Cela finit par impatienter la petite qui lui dit d'un air très hautain : « Apprenez que Checo ne sera jamais mon mari, parce que je le déteste, et parce que j'ai disposé de mon cœur. » Alors Loredana se mit dans

une grande colère et lui fit mille menaces.
Mais je la calmai en disant qu'il fallait savoir
en faveur de qui notre fille avait, comme elle
le disait, disposé de son cœur, et je la pressai de nous le dire. J'employai la douceur
pour la faire parler, mais ce fut inutile.
« C'est mon secret, disait-elle ; je sais que je
ne puis jamais épouser celui que j'aime, et
j'y suis résignée, mais je l'aimerai en silence
et je n'appartiendrai jamais à un autre. »
Là-dessus ma femme, s'emportant de plus
en plus, lui reprocha de s'être enamourée
de ce petit aventurier de Timothée, le laquais
d'un Turc, et elle lui dit tant de sottises que
la colère fit plus que l'amitié, et que la malheureuse enfant s'écria en se levant et en
parlant d'une voix ferme : « Toutes vos
menaces sont inutiles ; j'aimerai celui que
mon cœur a choisi, et puisque vous voulez
savoir son nom, sachez-le ; c'est Abul. »
Là-dessus elle cacha son visage enflammé

dans ses deux mains, et fondit en larmes.
Ma femme s'élança vers elle et lui donna un
soufflet.

— Elle eut tort! s'écria la princesse.

— Sans doute, Excellence, elle eut tort.
Aussi quand je fus revenu de l'espèce de
stupeur où cette déclaration m'avait jeté,
j'allai prendre ma fille par la main, et pour
la soustraire au ressentiment de sa mère, je
courus l'enfermer dans sa chambre, et je
revins essayer de calmer la Loredana. Ce ne
fut pas facile; enfin, à force de la raisonner,
j'obtins qu'elle laisserait l'enfant se dépiter
et rougir de honte toute seule pendant quelques heures. Je me chargeai ensuite d'aller
la réprimander, et de l'amener demander
pardon à sa mère à l'heure du souper. Pour
lui donner le temps de faire ses réflexions,
je suis sorti, emportant la clef de sa chambre
dans ma poche et songeant moi-même à ce
que je pourrais lui dire de terrible et de con-

venable pour la frapper d'épouvante et la
ramener à la raison. Malheureusement l'orage m'a surpris au milieu de ma méditation, et voici que je suis forcé de retourner
au logis sans avoir trouvé le premier mot
de mon discours paternel. J'ai bien encore
trois heures avant le souper, mais Dieu sait
si les questions, les exclamations et les lamentations de la Loredana me laisseront un
quart d'heure de loisir pour me préparer à
la conférence. Ah! qu'on est malheureux,
Excellence, d'être père de famille et d'avoir
affaire à des Turcs!

— Rassurez-vous, mon digne monsieur,
répondit la princesse d'un air grave. Le mal
n'est peut-être pas aussi grand que vous l'imaginez. Peut-être quelques exhortations
douces de votre part suffiront-elles pour
chasser l'influence du démon. Je m'occuperai, quant à moi, de réciter des prières et
de faire dire des messes. Et puis je parlerai;

soyez sûr que j'ai de l'influence sur la Mattea. S'il le faut, je l'emmènerai à la campagne. Venez me voir demain, et amenez-la avec vous. Cependant veillez bien à ce qu'elle ne porte aucun bijou ni aucune étoffe que ce Turc ait touchée. Veillez aussi à ce qu'il ne fasse pas devant elle des signes cabalistiques avec les doigts. Demandez-lui si elle n'a pas reçu de lui quelque don; et si cela est arrivé, exigez qu'elle vous le remette, et jetez-le au feu. A votre place, je ferais exorciser la chambre. On ne sait pas quel démon peut s'en être emparé. Allez, cher Spada, dépêchez-vous, et surtout tenez-moi au courant de cette affaire. Je m'y intéresse beaucoup. »

En parlant ainsi, la princesse qui était arrivée à son palais fit un salut gracieux à son protégé, et s'élança, soutenue de ses deux gondoliers, sur les marches du péristyle. Ser Zacomo, assez frappé de la profondeur de ces idées et un peu soulagé de son chagrin, remercia les gondoliers, car le temps était déjà redevenu serein, et reprit à pied, par les rues étroites et anguleuses de l'intérieur, le chemin de sa boutique située sous les vieilles Procuraties.

III.

Enfermée dans sa chambre, seule et pensive, la belle Mattea se promenait en silence, les bras croisés sur sa poitrine, dans une attitude de mutine résolution, et la paupière humide d'une larme que la fierté ne voulait point laisser tomber. Elle n'était pourtant vue de personne ; mais sans doute elle sentait, comme il arrive souvent aux enfants et aux femmes, que son courage tenait à un fil, et que la première larme qui s'ouvrirait un passage à travers ses longs cils noirs entraînerait un déluge difficile à réprimer. Elle se contenait donc et se donnait en passant et en repassant devant sa glace des airs dégagés, affectant une démarche altière et s'éventant d'un large éventail de la Chine, à la mode de ce temps-là.

Mattea, ainsi qu'on a pu le voir par la conversation de son père avec la princesse, était une fort belle créature, âgée de quatorze ans seulement, mais déjà très développée et très convoitée par tous les galants de Venise. Ser Zacomo ne la vantait point au-delà de ses mérites en déclarant que c'était un véritable trésor, une fille sage, réservée, laborieuse, intelligente, etc., etc. Mattea possédait toutes ces qualités et d'autres encore que son père était incapable d'apprécier, mais qui, dans la situation où le sort

l'avait fait naître, devaient être pour elle
une source de maux très grands. Elle était
douée d'une imagination vive, facile à exalter, d'un cœur fier et généreux et d'une
grande force de caractère. Si ces facultés
eussent été bien dirigées dans leur essor,
Mattea eût été la plus heureuse enfant du
monde et M. Spada le plus heureux des
pères; mais madame Loredana, avec son caractère violent, son humeur âcre et querelleuse, son opiniâtreté qui allait jusqu'à la
tyrannie, avait sinon gâté, du moins irrité
cette belle âme au point de la rendre orgueilleuse, obstinée, et même un peu farouche. Il y avait bien en elle un certain reflet du caractère absolu de sa mère, mais
adouci par la bonté et l'amour de la justice,
qui est la base de toute belle organisation.
Une intelligence élevée qu'elle avait reçue
de Dieu seul et la lecture furtive de quelques
romans pendant les heures destinées au sommeil la rendaient très supérieure à ses pa-

rents, quoiqu'elle fût très ignorante et plus simple peut-être qu'une fille élevée dans notre civilisation moderne ne l'est à l'âge de huit ans.

Élevée rudement quoique avec amour et sollicitude, réprimandée et même frappée dans son enfance pour les plus légères inadvertances, Mattea avait conçu pour sa mère un sentiment de crainte qui souvent touchait à l'aversion. Altière et dévorée de rage en recevant ces corrections, elle s'était habituée à les subir dans un sombre silence, refusant héroïquement de supplier son tyran, ou même de paraître sensible à ses outrages. La fureur de sa mère était doublée par cette résistance, et quoique au fond elle aimât sa fille, elle l'avait si cruellement maltraitée parfois, que ser Zacomo avait été obligé de l'arracher de ses mains. C'était le seul courage dont il fût capable, car il ne la redoutait pas moins que Mattea, et de plus la faiblesse de son caractère le plaçait sous la domination de cet esprit plus obstiné et plus impétueux que le sien. En grandissant, Mattea avait appelé la prudence au secours de son oppression, et par frayeur, par aversion peut-être, elle s'était habituée à une stricte obéissance et à une muette ponctualité dans sa lutte; mais la conviction qui enchaîne les cœurs s'éloignait du sien chaque jour davantage. En elle-même elle détestait son joug, et sa volonté secrète démentait à chaque instant, non pas ses paroles, elle ne parlait jamais, pas même à son père, dont la faiblesse lui causait une sorte d'indignation, mais ses actions et sa contenance. Ce qui la révoltait peut-être le plus et à juste titre, c'était que sa mère, au milieu de son despotisme, de ses violences et de ses injustices, se piquât d'une austère dévotion, et la contraignît aux plus étroites pratiques du bigotisme. La piété, généralement si douce, si tolérante et si gaie chez la nation vénitienne, était dans le cœur de la Piémon-

taise Loredana un fanatisme insupportable
que Mattea ne pouvait accepter. Aussi, tout
en aimant la vertu, tout en adorant le Christ
et en dévorant à ses pieds chaque jour bien
des larmes amères, la pauvre enfant avait
osé, chose inouïe dans ce temps et dans ce
pays, se séparer intérieurement du dogme à
l'égard de plusieurs points arbitraires. Elle
s'était fait sans beaucoup de réflexion et sans
aucune controverse une religion personnelle, pure, sincère, instinctive. Elle apprenait chaque jour cette religion de son choix,
l'occasion amenant le précepte, l'absurdité
des arrêts les révoltes du bon sens; et quand
elle entendait sa mère damner impitoyablement tous les hérétiques, quelque vertueux qu'ils fussent, elle allait assez loin
dans l'opinion contraire pour absoudre
même les infidèles et les regarder comme
ses frères. Mais elle ne disait point ses pensées à cet égard, car, quoique son extrême
docilité apparente eût dû désarmer pour tou-

jours la mégère, celle-ci, à la moindre marque d'inattention ou de lenteur dans l'accomplissement de ses volontés, lui infligeait des châtiments réservés à l'enfance et dont l'âme outrée de l'adolescente Mattea ressentait vivement les profondes atteintes.

Si bien que cent fois elle avait formé le projet de s'enfuir de la maison paternelle et ce projet eût été déjà exécuté si elle avait pu compter sur un lieu de refuge; mais dans son ignorance absolue du monde, sans en connaître les vrais écueils, elle craignait de ne pouvoir trouver nulle part asile et protection.

Elle ne connaissait en fait de femmes que sa mère et quelques volumineuses matrones de même acabit, plus ou moins exercées aux criailleries conjugales, mais toutes aussi bornées, aussi étroites dans leurs idées, aussi intolérantes dans ce qu'elles appelaient leurs principes moraux et religieux. Mattea croyait toutes les femmes semblables à celles-là, tous les hommes aussi incertains, aussi opprimés, aussi peu éclairés que son père. Sa marraine, la princesse Gica, lui était douce et facile, mais l'absurdité de son caractère n'offrait pas plus de garantie que celui d'un enfant. Elle ne savait où placer son espérance et songeait à se retirer dans quelque désert pour y vivre de racines et de pleurs. « Si le monde est ainsi, se disait-elle dans ses vagues rêveries, si les malheureux sont repoussés partout, si celui que l'injustice révolte doit être maudit et chassé comme un impie, ou chargé de fers comme un fou dangereux, il faut que je meure ou que je cherche la Thébaïde. » Alors elle pleurait et tombait dans de longues réflexions sur cette Thébaïde qu'elle ne se figurait guère plus éloignée que Trieste ou Padoue, et qu'elle songeait à gagner à pied avec quelques sequins, fruit des épargnes de toute sa vie.

Toute autre qu'elle eût songé à se sauver dans un couvent, refuge ordinaire, en ce temps-là, des filles coupables ou désolées. Mais elle avait une invincible méfiance et une espèce de haine pour tout ce qui portait un habit religieux. Son confesseur l'avait trahie dans de soi-disant bonnes intentions en discourant avec sa mère et de la confession reçue et de la pénitence fructueuse à imposer. Mattea le savait, et, forcée de retourner vers lui, elle avait eu la fermeté de refuser et la pénitence et l'absolution. Menacée par le confesseur, elle l'avait menacé à son tour d'aller se jeter aux pieds du patriarche et de lui tout déclarer. C'était une menace qu'elle n'aurait point exécutée, car la pauvre opprimée eût craint de trouver dans le patriarche lui-même un oppresseur plus puissant; mais elle avait réussi à effrayer le prêtre, et depuis ce temps le secret de sa confession avait été respecté.

Mattea, s'imaginant que toute nonne ou prêtre à qui elle aurait recours, bien loin de prendre sa défense, la livrerait à sa mère et rendrait sa chaîne plus pesante, repoussait non-seulement l'idée d'implorer de telles gens, mais encore celle de fuir. Elle chassait vite ce projet dans la singulière crainte de le faire échouer en étant forcée de s'en confesser, et, par une sorte de jésuitisme naturel aux âmes féminines, elle se persuadait n'avoir eu que d'involontaires velléités de fuite, tandis qu'elle conservait solide et intacte dans je ne sais quel repli caché de son cœur la volonté de partir à la première occasion.

Toute autre qu'elle eût cherché dans les offres ou seulement dans les désirs naissants de quelque adorateur une garantie de protection et de salut. Mais Mattea, aussi chaste que son âge, n'y avait jamais pensé; il y avait dans les regards avides que sa beauté attirait sur elle quelque chose d'insolent qui blessait son orgueil au lieu de le flatter, et qui l'augmentait dans un sens tout opposé à la puérile vanité des jeunes filles.

Elle n'était occupée qu'à se créer un maintien froid et dédaigneux qui éloignât toute entreprise impertinente, et elle faisait si bien que nulle parole d'amour n'avait osé arriver jusqu'à son oreille, aucun billet jusqu'à la poche de son tablier.

Mais comme elle agissait ainsi par disposition naturelle et non par suite des leçons emphatiques de sa mère, elle ne repoussait pas absolument l'espoir de trouver un cœur noble, une amitié solide et désintéressée, qui consentît à la sauver sans rien exiger d'elle; car si elle ignorait bien des choses, elle en savait aussi beaucoup que les filles d'une condition médiocre apprennent de très bonne heure.

Le cousin Checo étant stupide et insoutenable comme tous les maris tenus en réserve par la prévoyance des parents, Mattea s'était juré de se précipiter dans le canallazzo plutôt que d'épouser cet homme ridicule, et c'était principalement pour se garantir de ses poursuites qu'elle avait déclaré le matin même à sa mère, dans un effort désespéré, que son cœur appartenait à un autre.

Mais cela n'était pas vrai. Quelquefois peut-être Mattea, laissant errer ses yeux sur le calme et beau visage du marchand turc, dont le regard ne la recherchait jamais et ne l'offensait point comme celui des autres hommes, avait-elle pensé que cet homme, étranger aux lois et aux préjugés de son pays, et surtout renommé entre tous les négociants turcs pour sa noblesse et sa probité, pouvait la secourir. Mais à cette idée rapide avait succédé un raisonnable avertissement de son orgueil; Abul ne semblait nullement éprouver pour elle amour, amitié ou compassion. Il ne paraissait pas même la voir la plupart du temps, et s'il lui adressait quelques regards étonnés, c'était de la singularité de son vêtement européen, ou du bruit que faisait à son oreille la langue presque inconnue qu'elle parlait, qu'il était émerveillé. Mattea s'était rendu compte de tout cela; elle se disait sans humeur, sans dépit, sans chagrin, peut-être seulement avec une surprise ingénue, qu'elle n'avait produit aucune impression sur Abul; puis elle ajoutait : « Si quelque marchand turc d'une bonne et honnête figure, et d'une intacte réputation, comme Abul-Amet, m'offrait de m'épouser et de m'emmener dans son pays, j'accepterais sans répugnance et sans scrupule; et quelque médiocrement heureuse que je fusse, je ne pourrais manquer de l'être plus qu'ici. » C'était là tout, en vérité. Ni le Turc Abul, ni le Grec Timothée ne lui avaient adressé une parole qui donnât suite à ces idées, et c'était dans un moment d'exaspération singulière, délirante, inexplicable, comme il en vient seulement aux jeunes filles, que Mattea, soit pour désespérer sa mère, soit pour se persuader à elle-même qu'elle avait une volonté bien arrêtée, avait imaginé de nommer le Turc plutôt que le

Grec, plutôt que le premier Vénitien venu.

Cependant, à peine cette parole fut-elle prononcée, étrange effet de la volonté ou de l'imagination dans les jeunes têtes! que Mattea chercha à se pénétrer de cet amour chimérique et à se persuader que depuis plusieurs jours elle en avait ressenti les mystérieuses atteintes. « Non, se disait-elle, je n'ai point menti, je n'ai point avancé au hasard une assertion folle. J'aimais sans le savoir; toutes mes pensées, toutes mes espérances se reportaient vers lui. Au moment du péril, dans la crise décisive du désespoir, mon amour s'est révélé aux autres et à moi-même; ce nom est sorti de mes lèvres par l'effet d'une volonté divine, et, je le sens maintenant, Abul est ma vie et mon salut. »

En parlant ainsi à haute voix dans sa chambre, exaltée, belle comme un ange dans sa vive rougeur, Mattea se promenait avec agitation et faisait voltiger son éventail autour d'elle.

IV.

TIMOTHÉE était un petit homme d'une figure agréable et fine, dont le regard un peu railleur était tempéré par l'habitude d'une prudente courtoisie. Il avait environ vingt-huit ans et sortait d'une bonne famille de Grecs esclavons ruinée par les exactions du pouvoir ottoman. De bonne heure il avait couru le monde, cherchant un emploi, exerçant tous ceux qui se présentaient à lui, sans morgue, sans timidité, ne s'inquiétant pas, comme les hommes de nos jours, de savoir s'il avait une vocation, une *spécialité* quelconque, mais s'occupant avec constance à rattacher son existence isolée à celle de la foule. Nullement fanfaron, mais fort entreprenant, il abordait tous les moyens de faire fortune, même les plus étrangers aux moyens précédemment tentés par lui. En peu de temps il se rendait propre aux travaux que son nouvel état exigeait, et lorsque son entreprise avortait, il en embrassait une autre aussitôt. Pénétrant, actif, passionné comme un joueur pour toutes les chances de la spéculation, mais prudent, discret et tant soit peu fourbe, non pas jusqu'à la déloyauté, mais bien jusqu'à la malice, il était de ces hommes qui échappent à tous les désastres avec ce mot : *nous verrons bien!* Ceux-là, s'ils ne parviennent pas toujours à l'apogée de la destinée, se font du moins une place commode au milieu de l'encombrement des intrigues et des ambitions, et lorsqu'ils réussissent à monter jusqu'à un poste brillant, on s'étonne de leur subite élévation, on les appelle les privilégiés de la fortune. On ne sait pas par combien de revers patiemment supportés, par combien de fatigantes épreuves et d'audacieux efforts ils ont acheté ses faveurs.

Timothée avait donc exercé tour à tour les fonctions de garçon de café, de glacier, de colporteur, de trafiquant de fourrures, de commis, d'aubergiste, d'empirique et de régisseur, toujours à la suite ou dans les intérêts de quelque musulman; car les Grecs de cette époque, en quelque lieu qu'ils fussent, ne pouvaient s'affranchir de la domination turque, sous peine d'être condamnés à mort en remettant le pied sur le sol de leur patrie; et Timothée ne voulait point se fermer l'accès d'une contrée dont il connaissait parfaitement tous les genres d'exploitation commerciale. Il avait été chargé d'affaires de plusieurs trafiquants qui l'avaient envoyé en Allemagne, en France, en Egypte, en Perse, en Sicile, en Moscovie, et en Italie surtout, Venise étant alors l'entrepôt le plus considérable du commerce avec l'Orient. Dans ces divers voyages, Timothée avait appris incroyablement vite à parler, sinon correctement, du moins facilement, les diverses langues des peuples qu'il avait visités. Le dialecte vénitien était un de ceux qu'il possédait le mieux, et le teinturier Abul-Amet, négociant considérable, dont les ateliers étaient à Corfou, l'avait pris depuis peu pour inspecteur de ses ouvriers, teneur de livres, truchement, etc. Il avait en lui une extrême confiance, et goûtait un plaisir silencieux à écouter, sans la moindre marque d'intelligence ou d'approbation, ses joyeuses saillies et son babil spirituel.

Il faut dire en passant que les Turcs

étaient et sont encore les hommes les plus probes de la terre. De là une grande simplicité de jugement et une admirable imprudence dans les affaires. Ennemis des écritures, ils ignorent l'usage des contrats et des mille preuves de scélératesse qui ressortent des lois de l'Occident. Leur parole vaut mieux que signatures, timbres et témoins. Elle est reçue dans le commerce, même par les nations étrangères, comme une garantie suffisante, et à l'époque où vivaient Abul-Amet, Timothée et M. Spada, il n'y avait point encore eu à la Bourse de Venise un seul exemple de faillite de la part d'un Turc. On en compte deux aujourd'hui. Les Turcs se sont vus obligés de marcher avec leur siècle et de rendre cet hommage au règne des lumières.

Quoique mille fois trompés par les Grecs et par les Vénitiens, populations également avides, retorses et rompues à l'escroquerie, avec cette différence que les riverains orientaux de l'Adriatique ont servi d'exemples et de maîtres à ceux de l'Occident, les Turcs sont exposés et comme forcés chaque jour à se laisser dépouiller par ces fourbes commettants. Pourvus d'une intelligence paresseuse et ne sachant dominer que par la force, ils ne peuvent se passer de l'entremise des nations civilisées. Aujourd'hui ils les appellent franchement à leur secours. Dès lors ils s'abandonnaient aux Grecs, esclaves adroits qui savaient se rendre nécessaires, et qui se vengeaient de l'oppression par la ruse et la supériorité d'esprit. Il y avait pourtant quelques honnêtes gens parmi ces fins larrons, et Timothée était, à tout prendre, un honnête homme.

Au premier abord, comme il était d'une assez chétive complexion, les femmes de Venise le déclaraient insignifiant; mais un peintre tant soit peu intelligent ne l'eût pas trouvé tel. Son teint bilieux et uni faisait ressortir la blancheur de l'émail des dents et des yeux, contraste qui constitue une beauté chez les Orientaux, et que la statuaire grecque ne nous a pu faire soupçonner. Ses cheveux, fins comme la soie et toujours imprégnés d'essence de rose, étaient, par leur longueur et leur beau noir d'ébène, un nouvel avantage que les Italiennes, habituées à ne voir que des têtes poudrées, n'avaient pas le bon goût d'apprécier; enfin, la singulière mobilité de sa physionomie et le rayon pénétrant de son regard l'eussent fait remarquer, s'il eût eu affaire à des gens moins incapables de comprendre ce que son visage et sa personne trahissaient de supériorité sur eux.

Il était venu pour parler d'affaires à M. Spada, à peu près à l'heure où la tempête avait jeté celui-ci dans la gondole de la princesse Veneranda. Il avait trouvé dame Loredana seule au comptoir, et si revêche qu'il avait renoncé à s'asseoir dans la boutique, et s'était décidé à attendre le marchand de soieries en prenant un sorbet et en fumant sous les arcades des Procuraties, à trois pas de la porte de M. Spada.

Les galeries des Procuraties sont disposées à peu près comme celles du Palais-Royal, à Paris. Le rez-de-chaussée est consacré aux boutiques et aux cafés, et l'entresol, dont les fenêtres sont abritées par le plafond des galeries, est occupé par les familles des boutiquiers ou par les cabinets des limonadiers; seulement, l'affluence des consommateurs est telle, dans l'été, que les chaises et les petites tables obstruent le passage en dehors des cafés et couvrent la place Saint-Marc, où des tentes sont dressées à l'extérieur des galeries.

Timothée se trouvait donc à une de ces petites tables, précisément en face des fenêtres situées au-dessus de la boutique de Zacomo, et comme ses regards se portaient furtivement de ce côté, il aperçut dans une mitaine de soie noire un beau bras de femme qui semblait lui faire signe, mais qui se retira timidement avant qu'il eût pu s'en assurer. Ce manége ayant recommencé, Timothée sans affectation rapprocha sa petite table et sa chaise de la fenêtre mystérieuse. Alors ce qu'il avait prévu arriva ; une lettre tomba dans la corbeille où étaient ses macarons au girofle. Il la prit fort tranquillement et la cacha dans sa bourse, tout en remarquant l'anxiété de Loredana, qui à chaque instant s'approchait de la vitre du rez-de-chaussée pour l'observer; mais elle n'avait rien vu. Timothée rentra dans la salle du café et lut le billet suivant; il l'ouvrit sans façon, ayant reçu une fois pour toutes de son maître l'autorisation de lire les lettres qui lui seraient adressées, et sachant bien d'ailleurs qu'Abul ne pourrait se passer de lui pour en comprendre le sens.

« Abul-Amet, je suis une pauvre fille op-
« primée et maltraitée; je sais que votre
« vaisseau va mettre à la voile dans quel-

« ques jours; voulez-vous me donner un
« petit coin pour que je me réfugie en Grèce?
« Vous êtes bon et généreux, à ce qu'on dit;
« vous me protégerez, vous me mettrez
« dans votre palais; ma mère m'a dit que
« vous aviez plusieurs femmes et beaucoup
« d'enfants; j'élèverai vos enfants et je bro-
« derai pour vos femmes, ou je préparerai
« la soie dans vos ateliers, je serai une es-
« pèce d'esclave; mais, comme étrangère,
« vous aurez des égards et des bontés parti-
« culières pour moi, vous ne souffrirez pas
« qu'on me persécute pour me faire aban-
« donner ma religion, ni qu'on me traite
« avec trop de dédain. J'espère en vous et en
« un Dieu qui est celui de tous les hommes.

« MATTEA. »

Cette lettre parut si étrange à Timothée, qu'il la relut plusieurs fois, jusqu'à ce qu'il en eût pénétré le sens. Comme il n'était pas homme à comprendre à demi, lorsqu'il voulait s'en donner la peine, il vit, dans cet appel à la protection d'un inconnu, quelque chose qui ressemblait à de l'amour et qui pourtant n'était pas de l'amour. Il avait vu souvent les grands yeux noirs de Mattea s'attacher avec une singulière expression de doute, de crainte et d'espoir sur le beau visage d'Abul; il se rappelait la mauvaise humeur de la mère et son désir de l'éloigner; il réfléchit sur ce qu'il avait à faire, puis il alluma sa pipe avec la lettre, paya son sorbet, et marcha à la rencontre de ser Zacomo qu'il apercevait au bout de la place.

Au moment où Timothée l'aborda, il caressait l'acquisition prochaine d'une cargaison de soie arrivant de Smyrne pour recevoir la teinture à Venise, comme cela se pratiquait à cette époque. La soie retournait ensuite en Orient pour recevoir la façon, ou bien elle était façonnée et débitée à Venise selon l'occurrence. Cette affaire lui offrait la perspective la plus brillante et la mieux assurée ; mais un rocher tombant du haut des montagnes sur la surface unie d'un lac y cause moins de trouble que ces paroles de Timothée n'en produisirent dans son âme: « Mon cher seigneur Zacomo, je viens vous présenter les salutations de mon maître Abul-Amet, et vous prier de sa part de vouloir bien acquitter une petite note de 2,000 sequins qui vous sera présentée à la fin du mois, c'est-à-dire dans dix jours. »

Cette somme était à peu près celle dont M. Spada avait besoin pour acheter sa chère cargaison de Smyrne, et il s'était promis d'en disposer à cet effet, se flattant d'un plus long crédit de la part d'Abul. « Ne vous étonnez point de cette demande, lui dit Timothée d'un ton léger et feignant de ne point voir sa pâleur; Abul vous aurait donné, s'il eût été possible, l'année tout entière pour vous acquitter, comme il l'a fait jusqu'ici, et c'est avec grand regret, je vous jure, qu'un homme aussi obligeant et aussi généreux s'expose à vous causer peut-être une petite contrariété; mais il se présente pour lui une magnifique affaire à conclure. Un petit bâtiment smyrniote, que nous connaissons, vient d'apporter une cargaison de soie vierge.

— Oui, j'ai entendu parler de cela, balbutia Spada, de plus en plus effrayé.

— L'armateur du smyrniote a appris en entrant dans le port un échec épouvantable arrivé à sa fortune; il faut qu'il réalise à tout prix quelques fonds et qu'il coure à Corfou, où sont ses entrepôts. Abul, voulant profiter de l'occasion sans abuser de la position du Smyrniote, lui offre 2,500 sequins de sa cargaison; c'est une belle affaire pour tous les deux, et qui fait honneur à la loyauté d'Abul, car on dit que le maximun des propositions faites ici au Smyrniote est de 2,000 sequins. Abul, ayant la somme excédante à sa disposition, compte sur le billet à ordre que vous lui avez signé; vous n'apporterez pas de retard à l'exécution de nos traités, nous le savons, et vous prions, cher seigneur Zacomo, d'être assuré que sans une occasion extraordinaire...

— Oh! faquin! délivre-moi au moins de tes phrases, s'écriait dans le secret de son âme le triste Spada; bourreaux, qui me faites manquer la plus belle affaire de ma vie et qui venez encore me dire en face de payer pour vous! »

Mais ces exclamations intérieures se changeaient en sourires forcés et en regards effarés sur le visage de M. Spada. « Eh quoi! dit-il enfin en étouffant un profond soupir, Abul doute-t-il de moi, et d'où vient qu'il veut être soldé avant l'échéance ordinaire?

— Abul ne doutera jamais de vous, vous le savez depuis longtemps, et la raison qui l'oblige à vous réclamer sa somme, votre seigneurie vient de l'entendre. »

Il ne l'avait que trop entendue, aussi joignait-il les mains d'un air consterné; enfin reprenant courage : « Mais savez-vous, dit-il, que je ne suis nullement forcé de payer avant l'époque convenue!

— Si je me rappelle bien l'état de nos affaires, cher monsieur Spada, répondit Timothée avec une tranquillité et une douceur inaltérables, vous devez payer à vue sur présentation de vos propres billets.

— Hélas! hélas! Timothée! votre maître est-il un homme capable de me persécuter et d'exiger à la lettre l'exécution d'un traité avec moi?

— Non, sans doute; aussi, depuis cinq ans, vous a-t-il donné, pour vous acquitter, le temps de rentrer dans les fonds que vous aviez absorbés, mais aujourd'hui....

— Mais, Timothée, la parole d'un musulman vaut un titre, à ce que dit tout le monde, et ton maître s'est engagé maintefois verbalement à me laisser toujours la même latitude; je pourrais fournir des témoins au besoin, et...

— Et qu'obtiendriez-vous? dit Timothée, qui devinait fort bien.

— Je sais, répondit Zacomo, que de pareils engagements n'obligent personne, mais on peut discréditer ceux qui les prennent en faisant connaître leur conduite désobligeante.

— C'est-à-dire, reprit tranquillement Timothée, que vous déshonoreriez un homme qui, ayant des billets à ordre signés de vous dans sa poche, vous a laissé un crédit illimité pendant cinq ans! Le jour où cet homme serait forcé de vous faire tenir vos engagements à la lettre, vous lui allégueriez un engagement chimérique; mais on ne déshonore pas Abul-Amet, et tous vos témoins attesteraient qu'Amet vous a fait verbalement cette concession avec une restriction dont voici la lettre exacte : M. Spada ne sera point requis de payer avant un an, à moins d'un cas extraordinaire.

— A moins d'une perte totale des marchandises d'Abul dans le port, interrompit M. Spada, et ce n'est pas ici le cas.

— A moins d'un cas extraordinaire, répéta Timothée avec un sang-froid imperturbable. Je ne saurais m'y tromper. Ces paroles ont été traduites du grec moderne en vénitien, et c'est par ma bouche que cette traduction est arrivée à vos oreilles, mon cher seigneur; ainsi donc...

— Il faut que j'en parle avec Abul, s'écria M. Spada, il faut que le voie.

— Quand vous voudrez, répondit le jeune Grec.

— Ce soir, dit Spada.

— Ce soir il sera chez vous, » reprit Timothée, et il s'éloigna en accablant de révérences le malheureux Zacomo, qui, malgré sa politesse ordinaire, ne songea pas à lui rendre seulement un salut, et rentra dans sa boutique, dévoré d'anxiété.

Son premier soin fut de confier à sa femme le sujet de son désespoir. Loredana n'avait pas les mœurs douces et paisibles de son mari, mais elle avait l'âme plus désintéressée et le caractère plus fier. Elle le blâma sévèrement d'hésiter à remplir ses engagements, surtout lorsque la passion funeste de leur fille pour ce Turc devait leur faire une loi de l'éloigner de leur maison.

Mais elle ne put amener son mari à cet avis. Il était dans leurs querelles d'une souplesse de formes qui rachetait l'inflexibilité de ses opinions et de ses desseins. Il finit par la décider à envoyer sa fille pour quelques jours à la campagne chez la signora Veneranda, qui le lui avait offert, promettant, durant son absence, de terminer avantageusement l'affaire d'Abul. Le Turc, d'ailleurs, partirait après cette opération; il ne s'agissait que de mettre la petite en sûreté jusque-là. « Vous vous trompez, dit Loredana; il restera jusqu'à ce que sa soie puisse être emportée, et s'il la met en couleur ici, ce ne sera pas fait de sitôt. Néanmoins elle consentit à envoyer sa fille chez sa protectrice. M. Spada, cachant bien à sa femme qu'il avait donné rendez-vous à Abul pour le soir même, et se promettant de le recevoir sur la place ou au café, loin de l'œil de son Honesta, monta, en attendant, à la chambre de sa fille, se vantant tout haut de la gronder et se promettant bien tout bas de la consoler.

« Voyons, lui dit-il en se jetant tout haletant de fatigue et d'émotion sur une chaise, qu'as-tu dans la tête? cette folie est-elle passée?

— Non, mon père, dit Mattea d'un ton respecteux, mais ferme.

— Oh! par le corps de la madone, s'écria Zacomo, est-il possible que tu penses vraiment à ce Turc? Espères-tu l'épouser? Et le salut de ton âme? crois-tu qu'un prêtre t'admettrait à la communion catholique après un mariage turc? Et ta liberté? ne sais-tu pas que tu seras enfermée dans un harem?

Et ta fierté? tu auras quinze ou vingt rivales. Et ta dot? tu n'en profiteras pas, tu seras esclave. Et tes pauvres parents? les quitteras-tu pour aller demeurer au fond de l'Archipel? Et ton pays, et tes amis, et Dieu, et ton vieux père? »

Ici M. Spada s'attendrit, sa fille s'approcha et lui baisa la main; mais faisant un grand effort pour ne pas s'attendrir elle-même:

« Mon père, dit-elle, je suis ici captive, opprimée, esclave, autant qu'on peut l'être dans le pays le plus barbare. Je ne me plains pas de vous, vous avez toujours été doux pour moi; mais vous ne pouvez pas me défendre; j'irai en Turquie, je ne serai la femme ni la maîtresse d'un homme qui aura vingt femmes; je serai sa servante ou son amie, comme il voudra. Si je suis son amie, il m'épousera et renverra ses vingt femmes; si je suis sa servante, il me nourrira et ne me battra pas.

— Te battre, te battre! par le Christ! on ne te bat pas ici. »

Mattea ne répondit rien, mais son silence eut une éloquence qui paralysa son père. Ils furent tous deux muets pendant quelques instants, l'un plaidant sans vouloir parler, l'autre lui donnant gain de cause sans oser l'avouer.

« Je conviens que tu as eu quelques chagrins, dit-il enfin, mais écoute; ta marraine va t'emmener à la campagne, cela te distraira, personne ne te tourmentera plus, et tu oublieras ce Turc. Voyons, promets-le-moi.

— Mon père, dit Mattea, il ne dépend pas de moi de l'oublier, car croyez bien que mon amour pour lui n'est pas volontaire, et que je n'y céderai jamais si le sien n'y répond pas.

— Ce qui me rassure, dit M. Zacomo en riant, c'est que le sien n'y répond pas du tout...

—Qu'en savez-vous, mon père?» dit Mattea poussée par un mouvement d'orgueil blessé. Cette parole fit frémir Spada de crainte et de surprise. Peut-être se sont-ils entendus, pensa-t-il; peut-être l'aime-t-il et l'a-t-il séduite par l'entremise du Grec, si bien que rien ne pourra l'empêcher de courir à sa perte. Mais en même temps qu'il s'effrayait de cette supposition, je ne sais comment les deux mille sequins, le bâtiment smyrniote et la soie blanche lui revinrent en mémoire, et son cœur bondit d'espérance et de désir. Je ne veux pas savoir non plus par quel fil mystérieux l'amour du gain unit ces deux sentiments opposés, et fit que Zacomo se promit d'éprouver les sentiments d'Abul pour sa fille, et de les exploiter en lui donnant une trompeuse espérance. Il y a tant d'honnêtes moyens de vendre la virginité d'une fille! cela peut se faire au moyen d'un regard qu'on lui permet d'échanger en détournant soi-même la tête et en fredonnant d'un air distrait. Spada entendit l'horloge de la place sonner l'heure de son rendez-vous avec Abul. Le temps pressait; tant de chalands pouvaient être déjà dans le port autour du bâtiment smyrniote!

« Allons, prends ton voile, dit-il à sa fille, et viens faire un tour de promenade. La fraîcheur du soir te fera du bien, et nous causerons plus tranquillement. »

Mattea obéit.

« Où donc menez-vous cette fille égarée? s'écria Loredana en se mettant devant eux au moment où ils sortaient de la boutique.

— Nous allons voir la princesse, » répondit Zacomo.

La mère les laissa passer. Ils n'eurent pas fait dix pas qu'ils rencontrèrent Abul et son interprète qui venaient à leur rencontre.

« Allons faire un tour sur la Zueca, leur dit Zacomo; ma femme est malade à la maison, et nous causerons mieux d'affaires dehors.

Timothée sourit et comprit très bien
qu'il avait greffé dans le cœur de l'arbre.
Mattea, très surprise et saisie de défiance,
sans savoir pourquoi, s'assit toute seule au
bord de la gondole et s'enveloppa dans sa
mantille de dentelle noire. Abul, ne sachant
absolument rien de ce qui se passait autour
de lui et à cause de lui, se mit à fumer à
l'autre extrémité avec l'air de majesté qu'aurait un homme supérieur en faisant une
grande chose. C'était un vrai Turc, solennel, emphatique et beau, soit qu'il se prosternât dans une mosquée, soit qu'il ôtât
ses babouches pour se mettre au lit. M. Zacomo, se croyant plus fin qu'eux tous, se
mit à lui témoigner beaucoup de prévenance; mais chaque fois qu'il jetait les yeux
sur sa fille, un sentiment de remords s'emparait de lui. « Regarde-le encore aujourd'hui, lui disait-il dans le secret de sa pensée
en voyant les grands yeux humides de Mattea briller au travers de son voile et se fixer

sur Abul; va, sois belle et fais-lui soupçonner que tu l'aimes. Quand j'aurai la soie blanche, tu rentreras dans ta cage, et j'aurai la clef dans ma poche. »

V.

La belle Mattea s'étonnait avec raison de se voir amenée en cette compagnie par son propre père, et dans le premier moment elle avait craint de sa part quelque sortie maladroite ou quelque ridicule proposition de mariage; mais en l'entendant parler de ses affaires à Timothée avec beaucoup de chaleur et d'intérêt, elle crut comprendre qu'elle servait de leurre ou d'enjeu, et que son père mettait en quelque sorte sa main à prix. Elle en était humiliée et blessée, et l'involontaire mépris qu'elle ressentait pour cette conduite augmentait en elle l'envie de se soustraire à l'autorité d'une famille qui l'opprimait ou la dégradait.

Elle eût été moins sévère pour M. Spada si elle se fût rendu bien compte de l'indifférence d'Abul et de l'impossibilité d'un mariage légal entre elle et lui. Mais depuis qu'elle avait résolu à l'improviste de concevoir une grande passion pour lui, elle était en train de divaguer, et déjà elle se persuadait que l'amour d'Abul avait prévenu le sien, qu'il l'avait déclaré à ses parents, et que, pour cette raison, sa mère avait voulu la forcer d'épouser au plus vite son cousin Checo. Le redoublement de politesses et de prévenances de M. Spada envers ces deux étrangers, que le matin même elle lui avait entendu maudire et traiter de chiens et d'idolâtres, semblait, au reste, une confirmation assez évidente de cette opinion. Mais si cette opinion flattait sa fantaisie, sa fierté naturelle et sa délicatesse se révoltaient contre l'espèce de marché dont elle se croyait l'objet; et, craignant d'être complice d'une embûche dressée au musulman, elle s'enveloppait dans sa mante, et restait morne, silencieuse et froide, comme une statue, le plus loin de lui qu'il lui était possible.

Cependant Timothée, résolu à s'amuser le plus longtemps possible de cette comédie inventée et mise en jeu par son génie facétieux, car Abul n'avait pas plus songé à réclamer ses deux mille sequins pour acheter de la soie blanche qu'il n'avait songé à trouver Mattea jolie; Timothée, dis-je, semblable à un petit gnome ironique, prolongeait les émotions de M. Zacomo en le jetant dans une perpétuelle alternative de crainte et d'espoir. Celui-ci le pressait de communiquer à Abul la proposition d'acheter la soie smyrniote de moitié avec lui, offrant de payer le tout comptant, et de ne rembourser à Abul les deux mille sequins qu'avec le bénéfice de l'affaire. Mais il n'osait pressentir le rôle que jouait Mattea dans cette négociation, car rien dans la contenance d'Abul ne trahissait une passion dont elle fût l'objet. Timothée retardait toujours cette proposition formelle d'association, en disant qu'Abul était sombre et intraitable si on le dérangeait quand il était en train de fumer un certain tabac. Voulant voir jusqu'où irait la cupidité misérable du Vénitien, il le fit consentir à descendre sur la rive droite de la Zueca, et à s'asseoir avec sa fille et le musulman sous la tente d'un café. Là, il commença un dialogue fort divertissant pour tout spectateur qui eût compris les deux langues qu'il parla tour à tour;

car tandis qu'il s'adressait à Zacomo pour établir avec lui les conditions du traité, il se tournait vers son maître et lui disait: « M. Spada me parle de la bonté que vous avez eue jusqu'ici de ne jamais user de vos billets à ordre et d'avoir bien voulu attendre sa commodité; il dit qu'on ne peut avoir affaire à un plus digne négociant que vous.

— Dis-lui, répondait Abul, que je lui souhaite toutes sortes de prospérités, qu'il ne trouve jamais sur sa route une maison sans hospitalité, et que le mauvais œil ne s'arrête point sur lui dans son sommeil.

— Que dit-il? demandait Spada avec empressement.

— Il dit que cela présente d'énormes difficultés, répondait Timothée. Nos mûriers ont tant souffert des insectes l'année dernière, que nous avons un tiers de perte sur nos taffetas pour nous être associés à des négociants de Corfou qui ont eu part égale à nos bénéfices, sans avoir part égale aux frais. »

Cette bizarre conversation se prolongeait; Abul n'accordait aucune attention à Mattea, et Spada commençait à désespérer de l'effet des charmes de sa fille. Timothée, pour compliquer l'imbroglio dont il était le poète et l'acteur, proposa de s'éloigner un instant avec Spada pour lui faire en secret une observation importante. Spada, se flattant à la fin d'être arrivé au fait, le suivit sur la rive hors de la portée de la voix, mais sans perdre Mattea de vue. Celle-ci resta donc avec son Turc dans une sorte de tête-à-tête.

Cette dernière démarche parut à Mattea une triste confirmation de tout ce qu'elle soupçonnait. Elle crut que son père flattait son penchant d'une manière perfide, et l'engageait à entrer dans ses vues de séduction, pour arriver plus sûrement à duper le musulman. Extrême dans ses jugements,

comme le sont les jeunes têtes, elle ne pensa
pas seulement que son père voulait retarder
ses paiements, mais encore qu'il voulait
manquer de parole et donner les œillades
et la réputation de sa fille en échange des
marchandises turques qu'il avait reçues.
Cette manière d'agir des Vénitiens envers
les Turcs était si peu rare, et ser Zacomo
lui-même avait en sa présence usé de tant
de mesquins subterfuges pour tirer d'eux
quelques sequins de plus, que Mattea pouvait bien craindre, avec quelque apparence
de raison, d'être engagée dans une intrigue
semblable.

Ne consultant donc que sa fierté, et cédant à un irrésistible mouvement d'indignation généreuse, elle se flatta de faire
comprendre la vérité au marchand turc.
S'armant de toute la résolution de son caractère, dans un moment où elle était seule
avec lui, elle entr'ouvrit son voile, se pencha sur la table qui les séparait, et lui dit,

en articulant nettement chaque syllabe et en simplifiant sa phrase autant que possible pour être entendue de lui : « Mon père vous trompe, je ne veux pas vous épouser. »

Abul, surpris, un peu ébloui peut-être de l'éclat de ses yeux et de ses joues, ne sachant que penser, crut d'abord à une déclaration d'amour, et répondit en turc : « Moi aussi je vous aime, si vous le désirez. »

Mattea, ne sachant ce qu'il répondait, répéta sa première phrase plus lentement, en ajoutant : « Me comprenez-vous ? »

Abul, remarquant alors sur son visage une expression plus calme et une fierté plus assurée, changea d'avis et répondit à tout hasard : « Comme il vous plaira, *madamigella*. »

Enfin, Mattea ayant répété une troisième fois son avertissement en essayant de changer et d'ajouter quelques mots, il crut comprendre, à la sévérité de son visage, qu'elle était en colère contre lui. Alors, cherchant en lui-même en quoi il avait pu l'offenser, il se souvint qu'il ne lui avait fait aucun présent, et s'imaginant qu'à Venise, comme dans plusieurs des contrées qu'il avait parcourues, c'était un devoir de politesse indispensable envers la fille de son associé, il réfléchit un instant au don qu'il pouvait lui faire sur-le-champ pour réparer son oubli. Il ne trouva rien de mieux qu'une boîte de cristal pleine de gomme de lentisque qu'il portait habituellement sur lui, et dont il mâchait une pastille de temps en temps, suivant l'usage de son pays. Il tira ce don de sa poche et le mit dans la main de Mattea. Mais comme elle le repoussait, il craignit d'avoir manqué de grâce, et, se souvenant d'avoir vu les Vénitiens baiser la main aux femmes qu'ils abordaient, il baisa celle de Mattea, et, voulant ajouter quelque parole agréable, il mit sa propre main sur sa poitrine en disant en italien d'un air grave et solennel: *Votre ami.*

Cette parole simple, ce geste franc et affectueux, la figure noble et belle d'Abul, firent tant d'impression sur Mattea, qu'elle ne se fit aucun scrupule de garder un présent si honnêtement offert. Elle crut s'être fait comprendre, et interpréta l'action de son nouvel ami comme un témoignage d'estime et de confiance. « Il ignore nos usages, se dit-elle, et je l'offenserais sans doute en refusant son présent. Mais ce mot d'ami qu'il a prononcé exprime tout ce qui se passe entre lui et moi; loyauté sainte, affection fraternelle; nos cœurs se sont entendus. »

Elle mit la boîte dans son sein en disant: *Oui, amis, amis pour la vie.* Et tout émue, joyeuse, attendrie, rassurée, elle referma son voile et reprit sa sérénité. Abul, satisfait d'avoir rempli son devoir, se rendit le témoignage d'avoir fait un présent de valeur convenable, la boîte étant de cristal du Caucase et la gomme de lentisque étant une denrée fort chère et fort rare que produit la seule île de Scio, et dont le grand-seigneur avait alors le monopole. Dans cette confiance, il reprit sa cuillère de vermeil et acheva tranquillement son sorbet à la rose.

Pendant ce temps, Timothée, jaloux de tourmenter M. Spada, lui communiquait d'un air important les observations les plus futiles, et chaque fois qu'il le voyait tourner la tête avec inquiétude pour regarder sa fille, il lui disait : « Qui peut vous tourmenter ainsi, mon cher seigneur? la signora Mattea n'est pas seule au café. N'est-elle pas sous la protection de mon maître, qui est l'homme le plus galant de l'Asie-Mineure ? Soyez sûr que le temps ne semble pas trop long au noble Abul-Amet. »

Ces réflexions malignes enfonçaient mille serpents dans l'âme bourrelée de Zacomo;

mais en même temps elles réveillaient la seule chance sur laquelle pût être fondé l'espoir d'acheter la soie blanche, et Zacomo se disait : « Allons, puisque la faute est faite, tâchons d'en profiter. Pourvu que ma femme ne le sache pas, tout sera facile à arranger et à réparer. »

Il en revenait alors à la supputation de ses intérêts. « Mon cher Timothée, disait-il, sois sûr que ton maître a offert beaucoup trop de cette marchandise. Je connais bien celui qui en a offert deux mille sequins (c'était lui-même), et je te jure que c'était un prix honnête.

— Eh quoi! répondait le jeune Grec, n'auriez-vous pas pris en considération la situation malheureuse d'un confrère, si c'était vous, je suppose, qui eussiez fait cette offre ?...

— Ce n'est pas moi, Timothée; je connais trop les bons procédés que je dois à l'estimable Amet pour aller jamais sur ses brisées dans un genre d'affaire qui le concerne exclusivement.

— Oh! je le sais, reprit Timothée d'un air grave, vous ne vous écartez jamais en secret de la branche d'industrie que vous exercez en public; vous n'êtes pas de ces débitants qui enlèvent aux fabricants qui les fournissent un gain légitime, non certes! »

En parlant ainsi, il le regarda fixement sans que son visage trahît la moindre ironie, et ser Zacomo, qui, à l'égard de ses affaires, possédait une assez bonne dose de ruse, affronta ce regard sans que son visage trahît la moindre perfidie.

« Allons donc décider Amet, reprit Timothée, car entre gens de bonne foi, comme nous le sommes, on doit s'entendre à demi-mot. M. Spada vient de m'offrir pour vous, dit-il en turc à son maître, le remboursement de votre créance de cette année; le jour où vous aurez besoin d'argent, il le tiendra à votre disposition.

— C'est bien, répondit Abul; dis à cet honnête homme que je n'en ai pas besoin pour le moment, et que mon argent est plus en sûreté dans ses mains que sur mes navires. La foi d'un homme vertueux est un roc en terre ferme, les flots de la mer sont comme la parole d'un larron.

— Mon maître m'accorde la permission de conclure cette affaire avec vous de la manière la plus loyale et la plus avantageuse aux deux parties, dit Timothée à M. Spada; nous en parlerons donc dans le plus grand détail demain, et si vous voulez que nous allions ensemble examiner la marchandise dans le port, j'irai vous prendre de bonne heure.

— Dieu soit loué! s'écria M. Spada, et que dans sa justice il daigne convertir à la vraie foi l'âme de ce noble musulman! »

Après cette exclamation ils se séparèrent, et M. Spada reconduisit sa fille jusque dans sa chambre, où il l'embrassa avec tendresse, lui demandant pardon dans son cœur de s'être servi de sa passion comme d'un enjeu ; puis il se mit en devoir d'examiner ses comptes de la journée. Mais il ne fut pas longtemps tranquille, car madame Loredana vint le trouver avec un coffre à la main. C'étaient quelques hardes qu'elle venait de préparer pour sa fille, et elle exigeait que son mari la conduisît chez la princesse le lendemain dès le point du jour. M. Spada n'était plus aussi pressé d'éloigner Mattea ; il tâcha d'éluder ces sommations, mais voyant qu'elle était décidée à la conduire elle-même dans un couvent s'il hésitait à l'emmener, il fut forcé de lui avouer que la réussite de son affaire dépendait seulement de quelques jours de plus de la présence de Mattea dans la boutique. Cette nouvelle irrita beaucoup la Loredana ; mais ce fut bien pis lorsqu'ayant fait subir un interrogatoire implacable à son époux, elle lui fit confesser qu'au lieu d'aller chez la princesse dans la soirée il avait parlé au musulman dans un café, en présence de Mattea. Elle devina les circonstances aggravantes que célait encore M. Spada, et, les lui ayant arrachées par la ruse, elle entra dans une juste colère contre lui, et l'accabla d'injures violentes, mais trop méritées.

Au milieu de cette querelle, Mattea, à demi déshabillée, entra, et, se mettant à genoux entre eux deux : « Ma mère, dit-elle, je vois que je suis un sujet de trouble et de scandale dans cette maison; accordez-moi la permission d'en sortir pour jamais. Je viens d'entendre le sujet de votre dispute. Mon père suppose qu'Abul-Amet a le désir de m'épouser, et vous, ma mère, vous supposez qu'il a celui de me séduire et de m'enfermer dans son harem avec ses concubines. Sachez que vous vous trompez tous deux. Abul est un honnête homme à qui sa religion défend sans doute de m'épouser, car il n'y songe pas, mais qui, ne m'ayant point achetée, ne songera jamais à me traiter comme une concubine; je lui ai demandé sa protection, et une existence modeste en travaillant dans ses ateliers; il me l'accorde; donnez-moi votre bénédiction, et permettez-moi d'aller vivre à l'île de Scio. J'ai lu un livre chez ma marraine dans lequel j'ai vu que c'était un beau pays, paisible, industrieux, et celui de toute la Grèce où les Turcs exercent une domination plus douce. J'y serai pauvre, mais libre, et vous serez plus tranquilles quand vous n'aurez plus, vous, ma mère, un objet de haine, vous, mon père, un sujet d'alarmes. J'ai vu aujourd'hui combien le soin de vos richesses a d'empire sur votre âme; mon exil vous tiendra quitte de la dot sans laquelle Checo ne m'eût point épousée, et cette dot dépassera de beaucoup les deux mille sequins auxquels vous eussiez sacrifié le repos et l'honneur de votre fille, si Abul n'eût été un honnête homme, digne de respect encore plus que d'amour. »

En achevant ce discours que ses parents écoutèrent jusqu'au bout, paralysés qu'ils étaient par la surprise, la romanesque enfant, levant ses beaux yeux au ciel, invoqua l'image d'Abul pour se donner de la force; mais en un instant elle fut renversée sur une chaise et rudement frappée par sa mère, qui était réellement folle dans la colère. M. Spada, épouvanté, voulut se jeter entre elles deux, mais la Loredana le repoussa si rudement qu'il alla tomber sur la table. « Ne vous mêlez pas d'elle, criait la mégère, ou je la tue. »

En même temps elle poussa sa fille dans sa chambre, et comme celle-ci lui demandait avec un sang-froid forcé, inspiré par la haine, de lui laisser de la lumière, elle lui jeta le flambeau à la tête. Mattea reçut une blessure au front, et voyant son sang couler : « Voilà, dit-elle à sa mère, de quoi m'envoyer en Grèce sans regret et sans remords. »

Loredana exaspérée eut envie de la tuer;
mais saisie d'épouvante, au milieu de sa frénésie, cette femme, plus malheureuse que
sa victime, s'enfuit en fermant la porte à
double tour, arracha violemment la clef
qu'elle alla jeter à son mari; puis elle courut
s'enfermer dans sa chambre, où elle tomba
sur le carreau en proie à d'affreuses convulsions.

Mattea essuya le sang qui coulait sur son
visage et regarda une minute cette porte
par laquelle sa mère venait de sortir; puis
elle fit un grand signe de croix, en disant :
« Pour jamais! »

En un instant les draps de son lit furent
attachés à sa fenêtre, qui, étant située immédiatement au-dessus de la boutique, n'était éloignée du sol que de dix à douze
pieds. Quelques passants attardés virent
glisser une ombre qui disparut sous les couloirs sombres des Procuraties; puis bientôt
après une gondole de place, dont le fanal

était caché, passa sous le pont de *San Mose*, et s'enfuit rapidement avec la marée descendante le long du grand canal.

Je prie le lecteur de ne point trop s'irriter contre Mattea ; elle était un peu folle, elle venait d'être battue et menacée de la mort ; elle était couverte de sang, et de plus elle avait quatorze ans. Ce n'était pas sa faute si la nature lui avait donné trop tôt la beauté et les malheurs d'une femme, quand sa raison et sa prudence étaient encore dignes d'un enfant.

Pâle, tremblante et retenant sa respiration comme si elle eût craint de s'apercevoir elle-même au fond de la gondole, elle se laissa emporter pendant environ un quart d'heure. Lorsqu'elle aperçut les dentelures triangulaires de la mosquée se dessiner en noir sur le ciel éclairé par la lune, elle commanda au gondolier de s'arrêter à l'entrée du petit canal *dei Turchi*.

La mosquée de Venise est un bâtiment

sans beauté, mais non sans caractère, flanqué et comme surchargé de petites constructions, qui, par leur entassement et leur irrégularité au milieu de la plus belle ville du monde, présentent le spectacle de la barbarie ottomane, inerte au milieu de l'art européen. Ce pâté de temple et de fabriques grossières est appelé à Venise *il Fondaco dei Turchi*. Les maisonnettes étaient toutes habitées par des Turcs; le comptoir de leur compagnie de commerce y était établi, et lorsque Phingari, la lune, brillait dans le ciel, ils passaient les longues heures de la nuit prosternés dans la mosquée silencieuse.

A l'angle formé par le grand et le petit canal qui baignent ces constructions, une d'elles, qui n'est, pour ainsi dire, que la coque d'une chambre isolée, s'avance sur les eaux à la hauteur de quelques toises. Un petit prolongement y forme une jolie terrasse; je dis jolie à cause d'une tente de toile bleue, et de quelques beaux lauriers-roses qui la décorent. Dans une pareille situation, au sein de Venise, et par le clair de lune, il n'en faut pas davantage pour former une retraite délicieuse. C'est là qu'Abul-Amet demeurait. Mattea le savait pour l'avoir vu souvent fumer au déclin du jour, accroupi sur un tapis au milieu de ses lauriers-roses; d'ailleurs chaque fois que son père passait avec elle en gondole devant le fondaco, il lui avait montré cette barraque dont la position était assez remarquable, en lui disant : « Voici la maison de notre ami Abul, le plus honnête de tous les négociants. »

On abordait à cette prétendue maison par une marche au-dessus de laquelle une niche pratiquée dans la muraille protégeait une lampe, et derrière cette lampe, il y avait et il y a encore une madone de pierre qui est bien littéralement flanquée dans le ventre de la mosquée turque, puisque toutes les constructions adjacentes sont superposées sur la base massive du temple. Ces deux cultes vivaient là en bonne intelligence, et le lien de fraternité entre les mécréants et les giaours, ce n'était pas la tolérance, encore moins la charité; c'était l'amour du gain, le dieu d'or de toutes les nations.

Mattea suivit le degré humide qui entourait la maison jusqu'à ce qu'elle eût trouvé un escalier étroit et sombre qu'elle monta au hasard. Une porte, fermée seulement au loquet, s'offrit à elle, et ensuite une pièce carrée, blanche et unie, sans aucun ornement, sans autre meuble qu'un lit très bas et d'un bois grossier, couvert d'un tapis de pourpre rayé d'or; une pile de carreaux de cachemire, une lampe de terre égyptienne, un coffre de bois de cèdre, incrusté de nacre et de perle, des sabres, des pistolets, des poignards et des pipes du plus grand prix; une veste qui valait bien quatre ou cinq cents thalers, et à laquelle une corde tendue en travers de la chambre servait d'armoire. Une écuelle d'airain de Corinthe pleine de pièces d'or était posée à côté d'un yataghan ; c'était la bourse et la serrure d'Amet. Sa carabine, couverte de rubis et d'émeraudes, était sur son lit, et une devise en gros caractères arabes était écrite sur la muraille, au-dessus de son chevet.

Mattea souleva la portière de tapisserie qui servait de fenêtre, et vit sur la terrasse Abul déchaussé et prosterné devant la lune.

Cette profonde immobilité de sa prière, que la présence d'une femme seule avec lui, la nuit, dans sa chambre, ne troublait pas plus que le vol d'un moucheron, frappa la jeune fille de respect. « Ce sont là, pensa-t-elle, les hommes que les mères qui battent leurs filles vouent à la damnation. Comment donc seront damnés les cruels et les injustes ? »

Elle s'agenouilla sur le seuil de la chambre et attendit, en se recommandant à

Dieu, qu'il eût finit sa prière. Quand il eut fini en effet, il vint à elle, la regarda, essaya d'échanger avec elle quelques paroles inintelligibles de part et d'autre; puis, comprenant tout bonnement que c'était une fille amoureuse de lui, il résolut de ne pas faire le cruel, et, souriant sans rien dire, il appela son esclave, qui dormait en plein air sur une terrasse supérieure, et lui ordonna d'apporter des sirops, des confitures sèches et des glaces. Puis il se mit à charger sa plus longue pipe de cerisier, afin de l'offrir à la belle compagne de sa nuit fortunée.

Heureusement pour Mattea, qui ne se doutait guère des pensées de son hôte, mais qui commençait à trouver fort embarrassant qu'il ne comprît pas un mot de sa langue, une autre gondole avait descendu le grand canal en même temps que la sienne. Cette gondole avait aussi éteint son fanal, preuve qu'elle allait en aventures. Mais c'était une gondole élégante, bien noire, bien fluette, bien propre, avec une grande scie bien brillante, et montée par les deux meilleurs rameurs de la place. Le signore que l'on menait en conquête était couché tout seul au fond de sa boîte de satin noir, et, tandis que ses jambes nonchalantes reposaient allongées sur les coussins, ses doigts agiles voltigeaient, avec une négligente rapidité, sur une guitare. La guitare est un instrument qui n'a son existence véritable qu'à Venise, la ville silencieuse et sonore. Quand une gondole rase ce fleuve d'encre phosphorescente, où chaque coup de rame enfonce un éclair, tandis qu'une grêle de petites notes légères, nettes et folâtres, bondit et rebondit sur les cordes que parcourt une main invisible, on voudrait arrêter et saisir cette mélodie faible, mais distincte, qui agace l'oreille des passants et qui fuit le long des grandes ombres des palais, comme pour appeler les belles aux fenêtres, et passer en leur disant : « Ce n'est pas pour vous la sérénade, et vous ne saurez ni d'où elle vient, ni où elle va. »

Or, la gondole était celle que louait Abul durant les mois de son séjour à Venise, et le joueur de guitare était Timothée. Il allait souper chez une actrice, et sur son passage il s'amusait à lutiner par sa musique les jaloux ou les amantes qui veillaient sur les balcons. De temps en temps il s'arrêtait sous une fenêtre et attendait que la dame eût prononcé bien bas en se penchant sous sa *tendina* le nom de son galant, pour lui répondre : *Ce n'est pas moi*, et reprendre sa course et son chant de fauvette moqueuse. C'est à cause de ces courtes, mais fréquentes stations, qu'il avait tantôt dépassé, tantôt laissé courir devant lui la gondole qui renfermait Mattea. La fugitive s'était effrayée chaque fois à son approche, et dans sa crainte d'être poursuivie elle avait presque cru reconnaître une voix dans le son de sa guitare.

Il y avait environ cinq minutes que Mattea était entrée dans la chambre d'Abul, lorsque Timothée, passant devant le fondaco, remarqua cette gondole sans fanal qu'il avait déjà rencontrée dans sa course, amarrée maintenant sous la niche de la madone des Turcs. Abul n'était guère dans l'usage de recevoir des visites à cette heure, et d'ailleurs l'idée de Mattea devait se présenter d'emblée à un homme aussi perspicace que Timothée. Il fit amarrer sa gondole à côté de celle-là, monta précipitamment et trouva Mattea qui recevait une pipe de la main d'Abul, et qui allait recevoir un baiser auquel elle ne s'attendait guère, mais que le Turc se reprochait de lui avoir déjà trop fait désirer. L'arrivée de Timothée changea la face des choses; Abul en fut un peu contrarié : « Retire-toi, mon ami, dit-il à Timothée, tu vois que je suis en bonne fortune.

— Mon maître, j'obéis, répliqua Timothée; cette femme est-elle donc votre esclave?

— Non pas mon esclave, mais ma maîtresse, comme on dit à la mode d'Italie; du moins elle va l'être, puisqu'elle vient me trouver. Elle m'avait parlé tantôt, mais je n'avais pas compris. Elle n'est pas mal.

— Vous la trouvez belle? dit Timothée.

— Pas beaucoup, répondit Abul, elle est trop jeune et trop mince; j'aimerais mieux sa mère, c'est une belle femme bien grasse. Mais il faut bien se contenter de ce qu'on trouve en pays étranger, et d'ailleurs ce serait manquer à l'hospitalité que de refuser à cette fille ce qu'elle désire.

— Et si mon maître se trompait, reprit Timothée; si cette fille était venue ici dans d'autres intentions?

— En vérité, le crois-tu?

— Ne vous a-t-elle rien dit?

— Je ne comprends rien à ce qu'elle dit.

— Ses manières vous ont-elles prouvé son amour?

— Non, mais elle était à genoux pendant que j'achevais ma prière.

— Est-elle restée à genoux quand vous vous êtes levé?

— Non, elle s'est levée aussi.

— Eh bien! dit Timothée en lui-même, en regardant la belle Mattea qui écoutait, toute pâle et toute interdite, cet entretien auquel elle n'entendait rien, pauvre insensée! il est encore temps de te sauver de toi-même.

— Mademoiselle, lui dit-il d'un ton un peu froid, que désirez-vous que je demande de votre part à mon maître?

— Hélas! je n'en sais rien, répondit Mattea fondant en larmes; je demande asile et protection à qui voudra me l'accorder; ne lui avez-vous pas traduit ma lettre de ce matin? Vous voyez que je suis blessée et ensanglantée; je suis opprimée et maltraitée au point que je n'ose pas rester une heure de plus dans la maison de mes parents; je vais me réfugier de ce pas chez ma marraine la princesse Gica, mais elle ne voudra me soustraire que bien peu de temps aux maux qui m'accablent et que je veux fuir à jamais, car elle est faible et dévote. Si Abul veut me faire avertir le jour de son départ, s'il consent à me faire passer en Grèce sur son brigantin, je fuirai, et j'irai travailler toute ma vie dans ses ateliers, pour lui prouver ma reconnaissance.....

— Dois-je dire aussi votre amour? dit Timothée d'un ton respectueux, mais insinuant.

— Je ne pense pas qu'il soit question de cela, ni dans ma lettre, ni dans ce que je viens de vous dire, répondit Mattea en passant d'une pâleur livide à une vive rougeur de colère; je trouve votre question étrange et cruelle dans la position où je suis; j'avais cru jusqu'ici à de l'amitié de votre part. Je vois bien que la démarche que je fais m'ôte votre estime; mais en quoi prouve-t-elle, je vous prie, que j'aie de l'amour pour Abul-Amet?

— C'est bon, pensa Timothée, c'est une fille sans cervelle et non pas sans cœur. » Il lui fit d'humbles excuses, l'assura qu'elle avait droit au secours et au respect de son maître, ainsi qu'aux siens, et s'adressant à Abul : « Seigneur mon maître, qui avez été toujours si doux et si généreux envers moi, lui dit-il, voulez-vous accorder à cette fille la grâce qu'elle demande, et à votre serviteur fidèle, celle qu'il va vous demander?

— Parle, répondit Abul; je n'ai rien à refuser à un serviteur et à un ami tel que toi.

— Eh bien ! dit Timothée, cette fille, qui est ma fiancée et qui s'est engagée à moi par des promesses sacrées, vous demande la grâce de partir avec nous sur votre brigantin, et d'aller s'établir dans votre atelier à Scio; et moi je vous demande la permission de l'emmener et d'en faire ma femme. C'est une fille qui s'entend au commerce et qui m'aidera dans la gestion de nos affaires.

— Il n'est pas besoin qu'elle soit utile à mes affaires, répondit gravement Abul; il suffit qu'elle soit fiancée à mon serviteur fidèle pour que je devienne son hôte sincère et loyal. Tu peux emmener ta femme, Timothée; je ne soulèverai jamais le coin de son voile, et quand je la trouverais dans mon hamac, je ne la toucherais pas.

— Je le sais, ô mon maître! répondit le jeune Grec, et tu sais aussi que, le jour où tu me demanderas ma tête, je me mettrai à genoux pour te l'offrir; car je te dois plus qu'à mon père, et ma vie t'appartient plus qu'à celui qui me l'a donnée.

— Mademoiselle, dit-il à Mattea, vous avez bien fait de compter sur l'honneur de mon maître; tous vos désirs seront remplis, et si vous voulez me permettre de vous conduire chez votre marraine, je connaîtrai désormais en quel lieu je dois aller vous avertir et vous chercher au moment du départ de notre voile. »

Mattea eût peut-être bien désiré une réponse un peu moins strictement obligeante de la part d'Abul, mais elle n'en fut pas moins touchée de sa loyauté. Elle en exprima sa reconnaissance à Timothée, tout en regrettant tout bas qu'une parole tant soit peu affectueuse n'eût pas accompagné ses promesses de respect. Timothée la fit monter dans sa gondole, et la conduisit au palais de la princesse Veneranda. Elle était si confuse de cette démarche hardie, aveugle inspiration d'un premier mouvement d'effervescence, qu'elle n'osa dire un mot à son compagnon durant la route. « Si l'on vous emmène à la campagne, lui dit Timothée en la quittant à quelque distance du palais, faites-moi savoir où vous allez, et comptez que j'irai vous y trouver.

— On m'enfermera peut-être, dit Mattea tristement.

— On sera bien malin si on m'empêche de me moquer des gardiens, reprit Timothée. Je ne suis pas connu de cette princesse Gica; si je me présente à vous devant elle, n'ayez pas l'air de m'avoir jamais vu. Adieu, bon courage. Gardez-vous de dire à votre marraine que vous n'êtes pas venue directement de votre demeure à la sienne. Nous nous reverrons bientôt. »

VI.

Au lieu d'aller souper chez son actrice, Timothée rentra chez lui et se mit à rêver. Lorsqu'il s'étendit sur son lit, aux premiers rayons du jour, pour prendre le peu d'instants de repos nécessaire à son organisation active, le plan de toute sa vie était déjà conçu et arrêté. Timothée n'était pas, comme Abul, un homme simple et candide, un héros de sincérité et de désintéressement. C'était un homme bien supérieur à lui dans un sens, et peu inférieur dans l'autre, car ses mensonges n'étaient jamais des perfidies, ses méfiances n'étaient jamais des injustices. Il avait toute l'habileté qu'il faut pour être un scélérat, moins l'envie et la volonté de l'être. Dans les occasions où sa finesse et sa prudence étaient nécessaires pour opérer contre des fripons, il leur montrait qu'on peut les surpasser dans leur art sans embrasser leur profession. Ses actions portaient toutes un caractère de profondeur, de prévoyance, de calcul et de persévérance. Il avait trompé bien souvent, mais il n'avait jamais dupé; ses artifices avaient toujours tourné au profit des bons contre les méchants. C'était là son principe, que tout ce qui est nécessaire est juste, et que ce qui produit le bien ne peut être le mal. C'est un principe de morale turque qui prouve le vide et la folie de toute formule humaine, car les despotes ottomans s'en servent pour faire couper la tête à leurs amis sur un simple soupçon, et Timothée n'en faisait pas moins une excellente application à tous ses actes. Quant à sa délicatesse personnelle, un mot suffisait pour la prouver : c'est qu'il avait été employé par dix maîtres cent fois moins habiles que lui, et qu'il n'avait pas amassé la plus petite pacotille à leur service. C'était un garçon jovial, aimant la vie, dépensant le peu qu'il gagnait, aussi incapable de prendre que de conserver, mais aimant la fortune et la caressant en rêve comme une maîtresse qu'il est très difficile d'obtenir et très glorieux de fixer.

Sa plus chère et sa plus légitime espérance dans la vie était de se trouver un jour assez riche pour s'établir en Italie ou en France, et pour être affranchi de toute domination. Il avait pourtant une vive et sincère affection pour Abul, son excellent maître. Quand il faisait des tours d'adresse à ce crédule patron (et c'était toujours pour le servir, car Abul se fût ruiné en un jour s'il eût été livré à ses propres idées dans la conduite des affaires); quand, dis-je, il le trompait pour l'enrichir, c'était sans jamais avoir l'idée de se moquer de lui, car il l'estimait profondément, et ce qui était à ses yeux de la stupidité chez ses autres maîtres devenait de la grandeur chez Abul.

Malgré cet attachement, il désirait se reposer de cette vie de travail, ou au moins en jouir par lui-même, et ne plus user ses facultés au service d'autrui. Une grande opération l'eût enrichi, s'il eût eu beaucoup d'argent; mais n'en ayant pas assez, il n'en voulait pas faire de petites, et surtout il repoussait avec un froid et silencieux mépris les insinuations de ceux qui voulaient l'intéresser aux leurs, aux dépens d'Abul-Amet. M. Spada n'y avait pas manqué ; mais comme Timothée n'avait pas voulu comprendre, le digne marchand de soieries se flattait d'avoir été assez habile en échouant pour ne pas se trahir.

Un mariage avantageux était la principale utopie de Timothée. Il n'imaginait rien de plus beau que de conquérir son existence, non sur des sots et des lâches, mais sur le cœur d'une femme d'esprit. Mais comme il ne voulait pas vendre son honneur à une vieille et laide créature, comme il avait l'ambition d'être heureux en même temps que riche, et qu'il voulait la rencontrer et la conquérir jeune, belle, aimable et spirituelle, on pense bien qu'il ne trouvait pas souvent l'occasion d'espérer. Cette fois, enfin, il l'avait touchée du doigt, cette espérance. Depuis longtemps il essayait d'attirer l'attention de Mattea, et il avait réussi à lui inspirer de l'estime et de l'amitié. La découverte de son amour pour Abul l'avait bouleversé un instant; mais en y réfléchissant il avait compris combien peu de crainte

devait lui inspirer cet amour fantasque, rêve
d'un enfant en colère qui veut fuir ses pédagogues, et qui parle d'aller dans l'île des
Fées. Un instant aussi il avait failli renoncer à son entreprise, non plus par découragement, mais par dégoût; car il voulait aimer Mattea en la possédant, et il avait craint
de trouver en elle une effrontée. Mais il
avait reconnu que la conduite de cette jeune
fille n'était que de l'extravagance, et il se
sentait assez supérieur à elle pour l'en corriger en faisant le bonheur de tous deux.
Elle avait le temps de grandir, et Timothée
ne désirait ni espérait l'obtenir avant quelques années. Il fallait commencer par détruire un amour dans son cœur avant d'y
pouvoir établir le sien. Timothée sentit que
le plus sûr moyen qu'un homme puisse employer pour se faire haïr, c'est de combattre
un rival préféré et de s'offrir à la place. Il
résolut, au contraire, de favoriser en apparence le sentiment de Mattea, tout en le dé-

truisant par le fait sans qu'elle s'en aperçût. Pour cela, il n'était pas besoin de nier les vertus d'Abul, Timothée ne l'eût pas voulu; mais il pouvait faire ressortir l'impuissance de ce cœur musulman pour un amour de femme, sans porter la moindre atteinte de regret à l'amateur éclairé qui trouvait la matrone Loredana plus belle que sa fille.

La princesse Veneranda fut dérangée au milieu de son précieux sommeil par l'arrivée de Mattea à une heure indue. Il n'est guère d'heures indues à Venise; mais, en tout pays, il en est pour une femme qui subordonne toutes ses habitudes à l'importante affaire de se maintenir le teint frais. Comme pour ajouter au bienfait de ses longues nuits de repos, elle se servait d'un enduit cosmétique dont elle avait acheté la recette à prix d'or à un sorcier arabe, elle fut assez troublée de cet événement, et s'essuya à la hâte pour ne point faire soupçonner qu'elle eût besoin de recourir à l'art. Quand elle eut écouté la plainte de Mattea, elle eut bien envie de la gronder, car elle ne comprenait rien aux idées exaltées; mais elle n'osa le faire, dans la crainte d'agir comme une vieille, et de paraître telle à sa filleule et à elle-même. Grâce à cette crainte, Mattea eut la consolation de lui entendre dire : « Je te plains, ma chère amie; je sais ce que c'est que la vivacité des jeunes têtes; je suis encore bien peu sage moi-même, et entre femmes on se doit de l'indulgence. Puisque tu viens à moi, je me conduirai avec toi comme une véritable sœur, et te garderai quelques jours, jusqu'à ce que la fureur de ta mère, qui est un peu trop dure, je le sais, soit passée. En attendant, couche-toi sur le lit de repos qui est dans mon cabinet, et je vais envoyer chez tes parents afin qu'en s'apercevant de ta fuite ils ne soient pas en peine.

Le lendemain, M. Spada vint remercier la princesse de l'hospitalité qu'elle voulait bien donner à une malheureuse folle. Il parla assez sévèrement à sa fille. Néanmoins il examina, avec une anxiété qu'il s'efforçait vainement de cacher, la blessure qu'elle avait au front. Quand il eut reconnu que c'était peu de chose, il pria la princesse de l'écouter un instant en particulier, et quand il fut seul avec elle, il tira de sa poche la boîte de cristal de roche qu'Abul avait donnée à Mattea : « Voici, dit-il, un bijou et une drogue que cette pauvre infortunée a laissé tomber de son sein pendant que sa mère la frappait. Elle ne peut l'avoir reçue que du Turc ou de son serviteur. Votre Excellence m'a parlé d'amulettes et de philtres ; ceci ne serait-il point quelque poison analogue propre à séduire et à perdre les filles?

— Par les clous de la sainte croix, s'écria Veneranda, cela doit être! »

Mais quand elle eut ouvert la boîte et examiné les pastilles : « Il me semble, dit-elle, que c'est de la gomme de lentisque, que nous appelons mastic dans notre pays. En effet, c'est même de la première qualité, du véritable skinos. Néanmoins il faut essayer d'en tremper un grain dans de l'eau bénite, et nous verrons s'il résistera à l'épreuve. »

L'expérience ayant été faite, à la grande gloire des pastilles, qui ne produisirent pas la plus petite détonation et ne répandirent aucune odeur de soufre, Veneranda rendit la boîte à M. Spada, qui se retira en la remerciant et en la suppliant d'emmener au plus vite sa fille loin de Venise.

Cette résolution lui coûtait beaucoup à prendre, car avec elle il perdait l'espoir de la soie blanche, et il retrouvait la crainte d'avoir à payer ses deux mille *doges*. C'est ainsi que, suivant une vieille tradition, il appelait ses sequins, parce que leur effigie représente le doge de Venise à genoux devant Saint-Marc. *Doze a Zinocchion* est encore pour le peuple synonyme de sequins de la république. Cette monnaie, qui mériterait par son ancienneté de trouver place dans les musées et dans les cabinets, a encore cours à Venise, et les Orientaux la reçoivent de préférence à toute autre, parce qu'elle est d'un or très pur.

Néanmoins Abul-Amet, à sa prière, se montra d'autant plus miséricordieux qu'il n'avait jamais songé à le rançonner; mais comme le vieux fourbe avait voulu couper l'herbe sous le pied à son généreux créancier en s'emparant de la soie blanche en secret, Timothée trouva que c'était justice de faire faire cette acquisition à son maître sans y associer M. Spada. Assem, l'armateur smyrniote, s'en trouva bien, car Abul lui en donna mille sequins de plus qu'il n'en espérait, et M. Spada reprocha souvent à sa femme de lui avoir fait, par sa fureur, un tort irréparable; mais il se taisait bien vite lorsque la virago, pour toute réponse, serrait le poing d'un air expressif, et il se consolait un peu de ses angoisses de tout genre avec l'assurance de ne payer ses chers et précieux doges, ses *dattes succulentes*, comme il les appelait, qu'à la fin de l'année.

Veneranda et Mattea quittèrent Venise. Mais cette prétendue retraite où la captive devait être soustraite au voisinage de l'ennemi n'était autre que la jolie île de Torcello, où la princesse avait une charmante villa, et où l'on pouvait venir dîner en partant de Venise en gondole après la sieste. Il ne fut pas bien difficile à Timothée de s'y rendre entre onze heures et minuit sur la *barchetta* d'un pêcheur d'huîtres.

Mattea était assise avec sa marraine sur une terrasse couverte de sycomores et d'aloës, d'où ses grands yeux rêveurs contemplaient tristement le lever de la lune qui argentait les flots paisibles et semait d'écailles d'argent le noir manteau de l'Adriatique. Rien ne peut donner l'idée de la beauté du ciel dans cette partie du monde, et quiconque n'a pas rêvé seul le soir dans une barque au milieu de cette mer, lorsqu'elle est plus limpide et plus calme qu'un beau lac, ne connaît pas la volupté. Ce spectacle dédommageait un peu la sérieuse Mattea des niaiseries insipides dont l'entretenait une vieille fille coquette et bornée.

Tout à coup il sembla que le vent apportait les notes grêles et coupées d'une mélodie lointaine. La musique n'était pas chose rare sur les eaux de Venise, mais Mattea crut reconnaître des sons qu'elle avait déjà entendus. Une barque se montrait au loin, semblable à une imperceptible tache noire sur un immense voile d'argent. Elle s'approcha peu à peu, et les sons de la guitare de Timothée devinrent toujours plus distincts. Enfin la barque s'arrêta à quelque distance de la villa, et une voix chanta une romance amoureuse, où le nom de Veneranda revenait à chaque refrain au milieu des plus emphatiques métaphores. Il y avait si longtemps que la pauvre princesse n'avait plus d'aventures, qu'elle ne fut pas difficile sur la poésie de cette romance; elle en parla tout le reste de la soirée et tout le lendemain avec des minauderies charmantes, et en ajoutant tout haut, pour moralité à ses doux commentaires, de grandes exclamations sur le malheur des femmes qui ne pouvaient échapper aux inconvénients de leur beauté et qui n'étaient en sûreté nulle part. Le lendemain Timothée vint chanter plus près encore une romance encore plus absurde, qui fut trouvée non moins belle que l'autre. Le jour suivant, il fit parvenir un billet, et le quatrième jour il s'introduisit en personne dans le jardin, bien certain que la princesse avait fait mettre les chiens à l'attache et qu'elle avait envoyé coucher tous ses gens. Ce n'est pas qu'aux temps les plus florissants de sa vie elle eût été galante. Elle n'avait jamais eu ni une vertu ni un vice; mais tout homme qui se présentait chez elle avec l'adulation sur les lèvres était sûr d'être accueilli avec reconnaissance. Timothée avait pris de bonnes informations, et il se précipita aux pieds de la douairière dans un moment où elle était seule, et sans s'effrayer de l'évanouissement qu'elle ne manqua pas d'avoir, il lui débita une si belle tirade qu'elle s'adoucit, et pour lui sauver la vie (car il ne fit pas les choses à demi, et comme tout galant eût fait à sa place il menaça de se tuer devant elle), elle consentit à le laisser venir de temps en temps baiser le bas de sa robe. Seulement, comme elle tenait à ne pas donner un mauvais exemple à sa filleule, elle recommanda bien à son humble esclave de ne pas s'avouer pour le chanteur de romances, et de se présenter dans la maison comme un parent qui arrivait de Morée.

Mattea fut bien surprise le lendemain à table, lorsque ce prétendu neveu, annoncé le matin par sa marraine, parut sous les traits de Timothée; mais elle se garda bien de le reconnaître, et ce ne fut qu'au bout de quelques jours qu'elle se hasarda à lui parler. Elle apprit de lui, à la dérobée, qu'Abul, occupé de ses soieries et de sa teinture, ne retournerait guère dans son île qu'au bout d'un mois. Cette nouvelle affligea Mattea, non-seulement parce qu'elle lui inspirait la crainte d'être forcée de retourner chez sa mère d'où il lui serait très difficile désormais de s'échapper, mais parce qu'elle lui ôtait le peu d'espérance qu'elle conservait d'avoir fait quelque impression sur le cœur d'Abul. Cette indifférence de son sort, cette préférence donnée sur elle à des intérêts commerciaux, c'était un coup de poignard enfoncé peut-être dans son amour-propre encore plus que dans son cœur, car nous avouons qu'il nous est très difficile de croire que son cœur jouât un rôle réel dans ce roman de grande passion. Néanmoins, comme ce cœur était noble, la mortification de l'orgueil blessé y produisit de la douleur et de la honte sans aucun mélange d'ingratitude ou de dépit; elle ne cessa pas de parler d'Abul avec vénération et de penser à lui avec une sorte d'enthousiasme.

Timothée devint, en moins d'une semaine, le sigisbé en titre de Veneranda. Rien n'était plus agréable pour elle que de trouver, à son âge, un tout jeune et assez joli garçon, plein d'esprit, et jouant merveilleusement de la guitare, qui voulût bien porter son éventail, ramasser son bouquet, lui dire des impertinences et lui écrire des bouts rimés. Il avait soin de ne jamais venir à Torcello qu'après s'être bien assuré que M. et madame Spada étaient occupés en ville et ne viendraient pas le surprendre aux pieds de sa princesse, qui ne le connaissait que sous le nom du prince Zacharias Kalasi.

Durant les longues soirées, le sans-gêne de la campagne permettait à Timothée d'entretenir Mattea, d'autant plus qu'il venait souvent des visites, et que dame Gica, par soin de sa réputation, prescrivait à son cavalier servant de l'attendre au jardin tandis qu'elle serait au salon, et pendant ce temps, comme elle ne craignait rien au monde plus que de le perdre, elle recommandait à sa filleule de lui tenir compagnie, sûre que ses charmes de quatorze ans ne pouvaient entrer en lutte avec les siens. Le jeune Grec en profita, non pour parler de ses prétentions, il s'en garda bien, mais pour l'éclairer sur le véritable caractère d'Abul, qui n'était rien moins qu'un galant paladin, et qui, malgré sa douceur et sa bonté naturelles, faisait jeter une femme adultère dans un puits, ni plus ni moins que si c'eût été un chat. Il lui peignit en même temps les mœurs des Turcs, l'intérieur des harems, l'impossibilité d'enfreindre leurs lois qui faisaient de la femme une marchandise appartenant à l'homme, et jamais une compagne ou une amie. Il

lui porta le dernier coup en lui apprenant
qu'Abul, outre vingt femmes dans son harem, avait une femme légitime dont les
enfants étaient élevés avec plus de soin que
ceux des autres, et qu'il aimait autant qu'un
Turc peut aimer une femme, c'est-à-dire un
peu plus que sa pipe et un peu moins que
son cheval. Il engagea beaucoup Mattea à ne
pas se placer sous la domination de cette
femme, qui, dans un accès de jalousie, pourrait bien la faire étrangler par ses eunuques.
Comme il lui disait toutes ces choses par
manière de conversation et sans paraître
lui donner des avertissements dont elle se
fût peut-être méfiée, elles faisaient une profonde impression sur son esprit et la réveillaient comme d'un rêve.

En même temps il eut soin de lui dire tout
ce qui pouvait lui donner l'envie d'aller à
Scio, pour y jouir, dans les ateliers qu'il dirigeait, d'une liberté entière et d'un sort
paisible. Il lui dit qu'elle trouverait à y

exercer les talents qu'elle avait acquis dans la profession de son père, ce qui l'affranchirait de toute obligation qui pût faire rougir sa fierté auprès d'Abul. Enfin il lui fit une si riante peinture du pays, de sa fertilité, de ses productions rares, des plaisirs du voyage, du charme qu'on éprouve à se sentir le maître et l'artisan de sa destinée, que sa tête ardente et son caractère fort et aventureux embrassèrent l'avenir sous cette nouvelle face. Timothée eut soin aussi de ne pas détruire tout-à-fait son amour romanesque, qui était le plus sûr garant de son départ, et dont il ne se flattait pas vainement de triompher. Il lui laissa un peu d'espoir, en lui disant qu'Abul venait souvent dans les ateliers et qu'il y était adoré. Elle pensa qu'elle aurait au moins la douceur de le voir, et quant à lui, il connaissait trop la parole de son maître pour s'inquiéter des suites de ces entrevues. Quand tout ce travail que Timothée avait entrepris de faire dans l'esprit de Mattea eut porté les fruits qu'il en attendait, il pressa son maître de mettre à la voile, et Abul, qui ne faisait rien que par lui, y consentit sans peine. Au milieu de la nuit, une barque vint prendre la fugitive à Torcello et la conduisit droit au canal des Marane, où elle s'amarra à un des pieux qui bordent ce chemin des navires au travers des bas-fonds. Lorsque le brigantin passa, Abul tendit lui-même une corde à Timothée, car il eût emmené trente femmes plutôt que de laisser ce serviteur fidèle, et la belle Mattea fut installée dans la plus belle chambre du navire.

VII.

Trois ans environ après cette catastrophe, la princesse Veneranda était seule un matin dans la villa de Torcello, sans filleule, sans sigisbé, sans autre société pour le moment que son petit chien, sa soubrette et un vieil abbé qui lui faisait encore de temps en temps un madrigal ou un acrostiche. Elle était assise devant une superbe glace de Murano, et surveillait l'édifice savant que son coiffeur lui élevait sur la tête avec autant de soin et d'intérêt qu'aux plus beaux jours de sa jeunesse. C'était toujours la même femme, pas beaucoup plus laide, guère plus ridicule, aussi vide d'idées et de sentiments que par le passé. Elle avait conservé le goût fantasque qui présidait à sa parure et qui caractérise les femmes grecques lorsqu'elles sont dépaysées, et qu'elles veulent entasser sur elles les ornements de leur costume avec ceux des autres pays. Veneranda avait en ce moment sur la tête un turban, des fleurs, des plumes, des rubans, une partie de ses cheveux poudrés et une autre teinte en noir. Elle essayait d'ajouter des crépines d'or à cet attirail qui ne la faisait pas mal ressembler à une des belettes empanachées dont parle La Fontaine, lorsque son petit nègre lui vint annoncer qu'un jeune Grec demandait à lui parler. « Juste ciel! serait-ce l'ingrat Zacharias? s'écria-t-elle.

—Non, madame, répondit le nègre, c'est un

très beau jeune homme que je ne connais pas et qui ne veut vous parler qu'en particulier.

—Dieu soit loué! c'est un nouveau sigisbé qui me tombe du ciel, » pensa Veneranda; et elle fit retirer les témoins en donnant l'ordre d'introduire l'inconnu par l'escalier dérobé. Avant qu'il parût, elle se hâta de donner un dernier coup d'œil à sa glace, marcha dans la chambre pour essayer la grâce de son panier, fonça un peu son rouge, et se posa ensuite gracieusement sur son ottomane.

Alors un jeune homme, beau comme le jour ou comme un prince de conte de fées, et vêtu d'un riche costume grec, vint se précipiter à ses pieds et s'empara d'une de ses mains qu'il baisa avec ardeur.

« Arrêtez, monsieur, arrêtez! s'écria Veneranda éperdue; on n'abuse pas ainsi de l'étonnement et de l'émotion d'une femme dans le tête-à-tête. Laissez ma main; vous voyez que je suis si tremblante que je n'ai pas la présence d'esprit de vous la retirer.

Qui êtes-vous? au nom du ciel! et que doivent me faire craindre ces transports imprudents?

— Hélas! ma chère marraine, répondit le beau garçon, ne reconnaissez-vous point votre filleule, la coupable Mattea, qui vient vous demander pardon de ses torts et les expier par son repentir? »

La princesse jeta un cri en reconnaissant en effet Mattea, mais si grande, si forte, si brune et si belle sous ce déguisement, qu'elle lui causait la douce illusion d'un jeune homme charmant à ses pieds. « Je te pardonnerai à toi, lui dit-elle en l'embrassant, mais que ce misérable Zacharias, Timothée, ou comme on voudra l'appeler, ne se présente jamais devant moi.

—Hélas! chère marraine, il n'oserait, dit Mattea; il est resté dans le port sur un vaisseau qui nous appartient et qui apporte à Venise une belle cargaison de soie blanche. Il m'a chargé de plaider sa cause, de vous peindre son repentir et d'implorer sa grâce.

— Jamais! jamais! » s'écria la princesse.

Cependant elle s'adoucit en recevant, de la part de son infidèle sigisbé, un cachemire si magnifique, qu'elle oublia tout ce qu'il y avait d'étrange et d'intéressant dans le retour de Mattea pour examiner ce beau présent, l'essayer et le draper sur ses épaules. Quand elle en eut admiré l'effet, elle parla de Timothée avec moins d'aigreur et demanda depuis quand il était armateur et négociant pour son compte.

« Depuis qu'il est mon époux, répondit Mattea, et qu'Abul lui a fait un prêt de cinq mille sequins pour commencer sa fortune.

— Eh quoi! vous avez épousé Zacharias? s'écria Veneranda qui voyait dès lors en Mattea une rivale; c'était donc de vous qu'il était amoureux lorsqu'il me faisait ici de si beaux serments et de si beaux quatrains? O perfidie d'un petit serpent réchauffé dans mon sein! Ce n'est pas que j'aie jamais aimé ce freluquet; Dieu merci, mon cœur superbe a toujours résisté aux traits de l'amour; mais c'est un affront que vous m'avez fait l'un et l'autre...

— Hélas! non, ma bonne marraine, répondit Mattea qui avait pris un peu de la fourberie moqueuse de son mari; Timothée était réellement fou d'amour pour vous. Rassemblez bien vos souvenirs, vous ne pourrez en douter. Il songeait à se tuer par désespoir de vos dédains. Vous savez que de mon côté j'avais mis dans ma petite cervelle une passion imaginaire pour notre respectable patron Abul-Amet. Nous partîmes ensemble, moi pour suivre l'objet de mon fol amour, Timothée pour fuir vos rigueurs qui le rendaient le plus malheureux des hommes. Peu à peu, le temps et l'absence calmèrent sa douleur; mais la plaie n'a jamais été bien fermée, soyez-en sûre, madame, et s'il faut vous l'avouer, tout en demandant sa grâce, je tremble de l'obtenir, car je ne songe pas sans effroi à l'impression que lui fera votre vue.

— Rassure-toi, ma chère fille, répondit

la Gica tout-à-fait consolée, en embrassant sa filleule, tout en lui tendant une main miséricordieuse et amicale, je me souviendrai qu'il est maintenant ton époux, et je te ménagerai son cœur, en lui montrant la sévérité que je dois avoir pour un amour insensé. La vertu que, grâce à la sainte madone, j'ai toujours pratiquée, et la tendresse que j'ai pour toi, me font un devoir d'être austère et prudente avec lui. Mais explique-moi, je te prie, comment ton amour pour Abul s'est passé, et comment tu t'es décidée à épouser ce Zacharias que tu n'aimais point.

— J'ai sacrifié, répondit Mattea, un amour inutile et vain à une amitié sage et vraie. La conduite de Timothée envers moi fut si belle, si délicate, si sainte, il eut pour moi des soins si désintéressés et des consolations si éloquentes, que je me rendis avec reconnaissance à son affection. Lorsque nous avons appris la mort de ma mère, j'ai espéré que j'obtiendrais le pardon et la bénédiction de mon père, et nous sommes venus l'implorer, comptant sur votre intercession, ô ma bonne marraine!

— J'y travaillerai de mon mieux; cependant je doute qu'il pardonne jamais à ce Zacharias, à ce Timothée, veux-je dire, les tours perfides qu'il lui a joués.

— J'espère que si, reprit Mattea; la position de mon mari est assez belle maintenant, et ses talents sont assez connus dans le commerce pour que son alliance ne semble point désavantageuse à mon père. »

La princesse fit aussitôt amener sa gondole et conduisit Mattea chez M. Spada. Celui-ci eut quelque peine à la reconnaître sous son habit sciote; mais dès qu'il se fut assuré que c'était elle, il lui tendit les bras et lui pardonna de tout son cœur. Après le premier mouvement de tendresse, il en vint aux reproches et aux lamentations; mais dès qu'il fut au courant de la face qu'avait prise la destinée de Mattea, il se consola, et voulut aller sur-le-champ dans le port voir son gendre et la soie blanche qu'il apportait. Pour acheter ses bonnes grâces, Timothée la lui vendit à un très bas prix et n'eut point lieu de s'en repentir, car M. Spada, touché de ses égards et frappé de son habileté dans le négoce, ne le laissa point repartir pour Scio sans avoir reconnu son mariage et sans l'avoir mis au courant de toutes ses affaires. En peu d'années la fortune de Timothée suivit une marche si heureuse et si droite, qu'il put rembourser la somme que son cher Abul lui avait prêtée ; mais il ne put jamais lui en faire accepter les intérêts. M. Spada, qui avait un peu de peine à abandonner la direction de sa maison, parla pendant quelque temps de s'associer à son gendre; mais enfin Mattea étant devenue mère de deux beaux enfants, Zacomo, se sentant vieillir, céda son comptoir, ses livres et ses fonds à Timothée, en se réservant une large pension, pour le paiement régulier de laquelle il prit scrupuleusement toutes ses sûretés, en disant toujours qu'il ne se méfiait pas de son gendre, mais en répétant ce vieux proverbe des négociants : *Les affaires sont les affaires.*

Timothée, se voyant maître de la belle fortune qu'il avait attendue et espérée, et de la belle femme qu'il aimait, se garda bien de laisser jamais soupçonner à celle-ci combien ses vues dataient de loin. En cela il eut raison. Mattea crut toujours de sa part à une affection parfaitement désintéressée, née à l'île de Scio, et inspirée par son isolement et ses malheurs. Elle n'en fut pas moins heureuse, pour être un peu dans l'erreur. Son mari lui prouva toute sa vie qu'il l'aimait encore plus que son argent, et l'amour-propre de la belle Vénitienne trouva son compte à se persuader que jamais une pensée d'intérêt n'avait trouvé place dans l'âme de Timothée à côté de son image. Avis à ceux qui veulent savoir le fonds de la vie, et qui tuent la poule aux œufs d'or pour voir ce qu'elle a dans le ventre! Il est certain que si Mattea, après son mariage, eût été déshéritée, Timothée ne l'aurait pas moins bien traitée, et probablement il n'en eût pas ressenti la moindre humeur; les hommes comme lui ne font pas souffrir les autres de leurs revers, car il n'est guère de véritables revers pour eux. Abul-Amet et Timothée restèrent associés d'affaires et amis de cœur toute leur vie. Mattea vécut toujours à Venise, dans son magasin, entre son père, dont elle ferma les yeux, et ses enfants pour lesquels elle fut une tendre mère, disant sans cesse qu'elle voulait réparer envers eux les torts qu'elle avait eus envers la sienne. Timothée alla tous les ans à Scio, et Abul revint quelquefois à Venise. Chaque fois que Mattea le revit après une absence, elle éprouva une émotion dont son mari eut très grand soin de ne jamais s'apercevoir; Abul ne s'en apercevait réellement pas, et, lui baisant la main à l'italienne, il lui disait la seule parole qu'il eût pu jamais apprendre : *Votre ami.*

Quant à Mattea, elle parlait à merveille

les langues modernes de l'Orient, et dans la conduite de ses affaires elle était presque aussi entendue que son mari. Plusieurs personnes, à Venise, se souviennent de l'avoir vue. Elle était devenue un peu forte de complexion pour une femme, et le soleil d'Orient l'avait bronzée, de sorte que sa beauté avait pris un caractère un peu viril. Soit à cause de cela, soit à cause de l'habitude qu'elle en avait contractée dans la vie de commis qu'elle avait menée à Scio, et qu'elle menait encore à Venise, elle garda toujours son élégant costume sciote, qui lui allait à merveille, et qui la faisait prendre pour un jeune homme par tous les étrangers. Dans ces occasions, Veneranda, quoique décrépite, se redressait encore, et triomphait d'avoir un si beau sigisbé au bras. La princesse laissa une partie de ses biens à cet heureux couple, à la charge de la faire ensevelir dans une robe de drap d'or et de prendre soin de son petit chien.

FIN.

www.ingramcontent.com/pod-product-compliance
Lightning Source LLC
Chambersburg PA
CBHW060930230426
43665CB00015B/1902